PDCAを回して結果を出す！
YouTube集客・運用マニュアル

小野田 昌史
Onoda Masashi

つた書房

■ はじめに

　この本を手にとっていただき、ありがとうございます。

　あなたは今、YouTubeを通じて情報を発信し、世の中に価値を広めていきたいと考えているのではないでしょうか。そして、YouTubeというプラットフォームを活用することで、自分のビジネスをより多くの人に知ってもらい、悩みを抱える方々の課題を解決していきたい、そんな想いを持っているのではないかと思います。

　しかし、「そもそもYouTubeを始めるにはどうすればいいのか分からない」「YouTube始めたいけど、何から手を付けていいのか見当がつかない」と感じている方も多いのではないでしょうか。また、YouTubeに関する本や情報を読んでみても、実際に行動に移すことが難しいと感じている方もいらっしゃるかもしれません。

　そんな方に向けて、この本は、YouTubeを活用して情報を発信したいと考えているあなたを、大いにサポートする内容となっています。

　今、私たちは、誰もが動画を世界に発信できる、まさに「動画革命」とも言うべき時代に生きています。YouTubeは、その中心に位置する、世界最大の動画プラットフォームです。2005年の設立以来、YouTubeは単なる動画共有サイトから、世界中の人々が情報を共有し、ビジネスチャンス展開するための、なくてはならないインフラへと進化しました。

　YouTubeの最大の特徴は、長尺の動画を誰でも無料で配信できる点です。初期のYouTubeは、友達同士で撮影した何気ない日常を共有する場でした。しかし現在では、その機能の幅広さと利便性から、ビジネス、教育、エンターテイメント、自己表現、ありとあらゆるジャンルを網羅する、巨大なメディアへと変化しています。10代から50代以上まで、あらゆる世代が利用しており、特に若年層の利用率は極めて高い水準を維持しています。つまり、YouTubeは、あなたのメッセー

ジを届けたいすべての人々に、ダイレクトにアクセスできるツールなのです。

　しかし、YouTubeはただ動画をアップロードすれば成功するという単純な場所ではありません。競争は激化していて、数多くの動画の中で、自分の動画を視聴者に選んでもらうためには、戦略的なアプローチが重要です。その鍵となるのが、YouTubeのアルゴリズムの理解です。

　YouTubeのアルゴリズムは、視聴者の興味や行動履歴に基づいて最適な動画をおすすめするシステムです。このアルゴリズムを理解して適切に活用することで、あなたの動画がその情報を求めている人に、より多くの人に見てもらえる機会を増やして、チャンネルの成長を加速させることができます。視聴履歴、エンゲージメント、総再生時間、視聴維持率、キーワードの関連性、クリック率……など、これらの指標をしっかりと把握し、あなたの動画に落とし込んでいくこと、それを踏まえてPDCAを回していくこと。それが成功への道標となります。

　もちろん、アルゴリズムだけを意識すれば良いというものではありません。他にも、視聴者のニーズを理解し、彼らが本当に求めているコンテンツを提供することです。YouTubeはただの情報発信プラットフォームではなく、視聴者と発信者が心でつながる場所でもあります。単なる情報の羅列ではなく、あなたの想いや情熱が伝わる、血の通ったコンテンツを発信することで、視聴者はあなたのファンとなり、長期的な信頼関係を築くことができるでしょう。

　この本では、YouTubeの基本から最新トレンドの活用方法、アルゴリズム対策、効果的なコンテンツ制作、そしてチャンネル運営において最も重要な戦略まで、YouTubeで成功をするためのあらゆる知識とノウハウを詰め込みました。さらに、視聴者とのコミュニケーションを深めるためのライブ配信や、コミュニティ機能の活用方法、広告収

益、メンバーシップ、スーパーチャットといった収益化戦略、そして、実際のビジネスに繋げるための方法まで、余すことなく解説しています。

　この本は、単なる「技術書」ではありません。YouTubeをビジネスで活用したい起業家の方々、そして、少しでも多くの人の役に立ちたいと思っているすべての方々にとって、「指南書」となり、あなた自身のビジネスや自己実現を加速させる、力強い味方となります。

　そして何よりも大切なのは、行動を起こすことです。この本を読んだら、少しずつでも構わないので実践に移してください。YouTubeの世界は、常に変化し続けています。だからこそ、常にアンテナを張り、最新の情報をキャッチし、あなたのスキルや知識と合わせることで、成功への鍵となります。

　YouTubeを使い世界にあなたの発信で価値を広げていきましょう。

　この本が、あなたのYouTubeでの成功の一歩となることを願っています。

2025年1月

小野田昌史（おのだまーしー）

CONTENTS

 集客するなら
YouTubeが最適な理由

01 YouTubeとは 16

02 動画広告市場は急速に成長している 18

03 YouTubeマーケティングの重要性 20

04 YouTubeがあなたのビジネスに与える
　　7つの大きな影響 22

05 YouTube運営で知っておきたい用語集 25

CHAPTER-2 YouTubeをビジネスに使う際の基礎知識

01 YouTubeからの集客を成功させるために
知っておきたい事前情報 32

02 YouTubeアルゴリズムの基本を
知っておこう 37

03 YouTube運用でやってはいけないNG行動 40

04 YouTubeをはじめる際に必要な機材 45

CHAPTER-3 YouTubeチャンネルを開設しよう

01 YouTubeをビジネスに使う目的を
明確にしよう 50

02 3C分析を使ってチャンネルの
設計図を作る 53

03 チャンネルのコンセプト設計 58

04 YouTube開設のための
Googleアカウントの取得 63

05 YouTubeチャンネルの開設 69

CHAPTER-4 YouTubeチャンネルの設定

01 基本のチャンネル設定 92

02 その他の設定 102

03 外部リンク設定 110

04 ECサイトの設定 113

COLUMN 複数チャンネルの作成と管理 115

CHAPTER-5 YouTube運用の目標設定

01 目標達成のためのロードマップ 118

02 導入期 120

03 成長期（50本超えたあたり）.................................... 123

04 成熟期
（バズった企画が出てきたタイミング）................. 130

COLUMN コメント欄での視聴者との
コミニケーションの取り方 132

CHAPTER-6 動画の作成と投稿

01 ロング動画の作成 134

02 ロング動画のアルゴリズムの
理解とSEO 154

03 ロング動画とショート動画の違い 160

04 ショート動画の作成 162

05 ショート動画のアルゴリズムの
理解とSEO 173

動画の分析と改善

01 YouTubeアナリティクスを使う……………………… 176

02 アナリティクスで得たデータから
改善する…………………………………………………… 183

03 正しくリスト誘導ができているかを
分析する…………………………………………………… 197

04 公開済みの動画を編集して復活させる……………… 199

05 チャンネルカスタマイズ………………………………… 201

COLUMN YouTube発信者同士のコラボについて………………… 209

CHAPTER-8 他にも押さえておきたいYouTubeの機能

01 視聴者との距離を縮めるYouTubeライブ 212

02 リアルタイム性の高い投稿コンテンツ
「コミュニティ機能」 221

03 広告収益 224

04 スーパーチャット 226

05 メンバーシップ 229

読者特典

YouTubeの基礎が全て学べる資料集!

❶ 失敗しないYouTubeに最適な機材リスト

❷【超重要】チャンネル設計YouTube初期設計シート

❸ ChatGPTやClaudeでショート動画を分析するためのAIプロンプト

❹ その他、YouTube運営に必要な資料多数

- 最新のYouTubeインプレッション(自分の動画の表示数)を上げる方法
- YouTubeの公式が開示しているアルゴリズム極秘資料
- YouTubeコンテンツ作り基本の流れ
- 撮影前の企画案出しテンプレート
- 維持率50%越え!冒頭で掴んで最後まで見たくなる動画になる!台本の教科書
- 9割が失敗しているYouTube撮影ー世界観を表現する撮影テンプレート
- 初心者でもプロっぽく見える動画編集の基本テンプレート
- 動画編集外注テンプレート
- 【心理テクニックを使った】YouTubeタイトル設計術 絶対外せない15の法則
- YouTube SEO上位10位に入る概要欄設計術!絶対に外せない5つのポイント
- YouTubeやSNSを使って4,000万を売り上げる 最新マーケティングテンプレート
- YouTubeに4,000本動画を投稿してきた無限にネタ(企画)を生み出す絶対的思考法
- ついクリックしたくなるサムネイル文言ライティングテクニック

…など

受け取りはこちら➡

CHAPTER-1　集客するならYouTubeが最適な理由

1 YouTubeとは

SECTION
01

YouTubeは、世界最大の動画配信プラットフォームです。その特長やビジネス活用の可能性を知ることで、より効果的なチャンネル運営が可能になります。

YouTubeのはじまり

　YouTubeは、アメリカ合衆国カリフォルニア州サンブルーノに本社を置くオンライン動画共有プラットフォームです。2005年にPayPalの元従業員であるチャド・ハーリー、スティーブ・チェン、ジョード・カリムによって設立されました。YouTubeの当初の目的は、友人同士で録画したビデオクリップをかんたんに共有することでしたが、次第に単なるビデオ共有プラットフォームから、ユーザーが思い出を保存したり、作品を発表したりする場へと進化していきました。

　設立当初はエンジェル投資家から資金提供を受け、ガレージではじまった小さなスタートアップでしたが、その後急成長を遂げ、2006年11月にGoogleに16.5億ドルで買収されました。それ以降もYouTubeは急速に成長を続け、現在では世界最大級の動画共有プラットフォームとなっています。

YouTubeのプラットフォームとしての魅力

　YouTubeの最大の魅力は、無料で長尺の動画を自由に投稿できることです。実は最大12時間、256GBまでの動画をアップロードできます。
　さらに、Googleが運営しているという信頼性も大きな特徴で、YouTube内だけでなくGoogleの検索エンジンを通じても動画を見つけてもらうことができます。YouTubeは幅広い年代のユーザーに利用

されていて、特に10代では96.5%、20代でも90%以上の利用率を誇っています。年齢層を問わず多くの人々に愛用されている点も、YouTubeの大きな強みです。

また、YouTubeでは、広告収入、チャンネルメンバーシップ、Super Chat、Super Stickers、ショッピング機能など、多様な収益化手段が用意されています。これにより、多くのクリエイターがYouTubeを収入源として活用しています。基本的なサービスは無料で利用できますが、YouTube Premiumという有料サービスを利用することで、広告なしで動画を視聴したり、バックグラウンド再生やオフライン再生といった機能が使えるようになります。

ビジネスにおけるYouTubeの役割

インターネット環境の向上とスマートフォンの普及により、オンライン動画視聴が一般化したことで、YouTubeは今やビジネスの「顔」といえる存在になりました。

動画コンテンツは、テキストや画像よりも表現の幅が広く、動画を活用することで、WebサイトやSNSでは伝えきれないメッセージを強く印象づけられるようになりました。

かつてはテレビ局のような大規模メディアのみが動画発信を行えましたが、YouTubeの登場により、今は個人でも「1つのテレビ局」を持つような感覚で情報を発信できる時代です。これをビジネスに活かさない手はないでしょう。

動画の特性を正しく理解して、効果的に活用できれば、必ずビジネスの成長を加速させられます。しかし、多くの人が未だビジネスに動画を活用する方法を十分に理解していません。本書では、ビジネスに活用できるYouTubeの基本とその活用法をじっくり解説していきます。

CHAPTER-1　集客するならYouTubeが最適な理由

動画広告市場は急速に成長している

SECTION 02

動画広告市場は急成長中です。通信技術の進化やスマホ普及が成長を後押しし、2025年には1兆円規模に達すると予測されています。

市場の拡大

　動画広告市場は急速に拡大しており、今後も成長が続くと予測されています。日本国内の市場規模は、2019年の2,312億円から2021年には4,205億円、2023年には6,253億円と急成長を遂げています。さらに2024年には7,209億円（予測）、2025年には1兆円を突破すると見込まれています。この成長により、動画は企業にとってますます重要なマーケティングツールとなっています。

　成長の要因には、通信環境の改善が挙げられます。4Gや5Gの普及により、高品質な動画の視聴が容易になり、ストレスなくストリーミングを楽しめるようになりました。これに加え、8Kなどの高画質広告やインタラクティブな広告フォーマットが登場し、視聴者のエンゲージメントを高める効果も期待されています。

国内の動画市場規模の推移

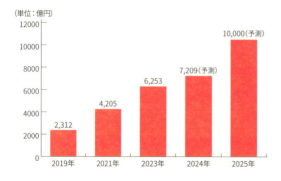

動画市場の拡大の背景

　動画広告市場の成長を支えている大きな要因は、スマートフォンの普及です。2023年には動画広告市場全体の81%がスマートフォン向け広告で、5,048億円に達しました。これには、タップやスワイプを活用したインタラクティブ広告や、AIと機械学習を用いたパーソナライズ広告の進化が影響しています。

　また、縦型動画広告の需要も急増しており、2023年には前年比156.3%増の526億円に達しました。このフォーマットは、SNSと相性がよく、没入感の高い視聴体験を提供するため、今後の成長が期待されています。

消費者行動の変化

　コロナ禍での巣篭もり需要により、世代を問わず動画コンテンツの視聴時間が急増しました。特に50代〜60代では、コネクテッドテレビ（インターネット回線に接続されたテレビ端末）など新たなデバイスでの動画視聴が増加しており、2023年にはスマートフォン向け動画広告需要は、全体の81%を占めるまでに成長しています。

　同時に、クリエイター文化の拡大も市場成長を後押ししています。個人が動画制作を副業や趣味として行う「1億総クリエイター時代」が進行中で、これにより消費者は単なる視聴者からコンテンツ制作者へと役割を広げています。こうした動きが、動画広告市場の成長とともに、新たなメディア文化を形成しています。

　この流れは継続中で、動画広告市場は今後も多様化と拡大が進むでしょう。今現在も、多くの企業や著名人がこのプラットフォームを活用してPR活動を展開しています。YouTubeを通じて自社製品やサービスを広めることは、今や当然の選択肢なのです。

CHAPTER-1　集客するならYouTubeが最適な理由

YouTubeマーケティングの重要性

SECTION 03

YouTubeは、ブランド構築とグローバル展開を可能にするビジネスにとって強力なツールです。今後は「1社1チャンネル」が企業の新たな常識となるでしょう。

起業家はYouTubeを使わないと選ばれなくなってくる

　YouTubeは、世界で最も利用されている動画共有プラットフォームの一つで、その影響力は非常に大きなものです。小学生の「なりたい職業ランキング」の上位にYouTuberがランクインするこの時代に、起業家がYouTubeを活用しないのは、ビジネスチャンスを逃すことになってしまいます。

■ 動画の強みとYouTubeのSEO効果

　動画は視覚的に情報を伝える力が強く、製品のデモンストレーションやサービス紹介に特に効果的な媒体です。また、YouTube動画はGoogleの検索結果に表示されやすいため、動画タイトルに適切なキーワードを活用すればSEO（検索エンジン最適化）に大きく貢献します。

　さらに、YouTubeは多様なユーザー層にリーチでき、世界中の視聴者に情報を届けることが可能です。最近では自動文字起こしや翻訳機能の進化により、言語の壁がなくなりつつあります。つまり、動画を使えばビジネスチャンスを海外まで広げていくことができます。

　僕は**今後の世界を「起業家はYouTubeを使わないと選ばれなくなる」と予測**しています。YouTubeの現状を見る限り、この主張は十分な根拠があるといえるでしょう。

今後1企業1ホームページ＋1YouTubeチャンネルの世界になる

　これまで企業の主な情報発信手段はホームページやブログでしたが、テキスト媒体だけでは伝えられる情報に限界があり、他社との差別化が難しいという課題がありました。そこで注目されているのがYouTubeです。YouTubeを活用することで、企業の魅力や商品の特徴、働く人々の姿を視覚的に伝え、自社のブランド構築につなげることができます。

■ ホームページとの連携で相乗効果を発揮

　YouTubeはホームページの代わりにはなりませんが、両者を組み合わせることでブランディングやマーケティング効果を大幅に向上させられます。具体的には以下のような方法が考えられます。

●動画からホームページへ誘導

　YouTubeの動画説明欄やコメント欄にホームページリンクを設置し、詳細情報を提供。

●ホームページで動画を活用

　ホームページにYouTube動画を埋め込むことで、視覚的な訴求力と詳細なテキスト情報を組み合わせて訪問者の理解を深める。

●SNSとの連携でプロモーション強化

　InstagramやX（旧Twitter）などのSNSで動画を拡散し、YouTubeやホームページへのトラフィックを増やす。

　これからの時代、YouTubeを活用しない企業は不利になっていく可能性が高いです。今現在、ホームページを持っていない企業は少ないと思いますが、今後はホームページに加え、1社1チャンネルが当たり前の時代が来るでしょう。

21

CHAPTER-1　集客するならYouTubeが最適な理由

YouTubeがあなたのビジネスに与える7つの大きな影響

SECTION 04

YouTubeはビジネス成長を支える強力なツールです。ビジネスに与える影響を7つ紹介します。

コンテンツの資産性が高く永続的に再生される

　YouTubeの魅力として注目したいのが、投稿した動画が長期間にわたり視聴され続ける点です。他のSNSでは投稿の寿命が数週間から数ヶ月に限られるのに対し、YouTubeでは1年、5年、さらには10年以上経過しても再生される可能性があります。

　僕はいつも「YouTube動画はコンテンツの賞味期限が長い」と表現しています。僕自身、10年前に投稿した動画がいまだに再生され続けています。これは、まるで「自動販売機」を設置したかのような感覚で、**自分を知ってもらう機会を永続的に作り出してくれる**ということです。

　YouTubeでは投稿した動画が積み重なり、それが「営業マン」のように機能します。10本、50本、100本と動画を作り続けることで、その動画が積み重なり、あなたの認知を広めるだけでなく、自分の寝てる間など知らないところでファンを生み出す手助けをしてくれます。

潜在顧客にダイレクトにアプローチできる圧倒的なリーチ力

　YouTubeは月間20億人以上のユーザーを持ち、日本でも10代から70代以上まで幅広く利用されています。

　視聴者は日常的にYouTubeを利用しており、関心のあるテーマの動画を積極的に視聴しています。視聴者の求めるものに刺さるコンテン

ツを作れば、視聴者はあなたのファンとなり、最終的に商品やサービスの購入につなげることができます。YouTubeはそうした視聴者と出会うのに最適なプラットフォームです。

検索エンジンとしても利用されている

　YouTubeはGoogle検索に次ぐ世界第2位の検索エンジンです。

　しかも「料理の作り方」や「DIYの手順」などの動画のほうが理解しやすいと判断されるテーマの場合、Googleの検索結果ではテキストや画像よりもYouTube動画が上位に表示される傾向があります。

　Google検索結果にYouTube動画が表示された場合、クリックされると直接YouTubeに遷移するので、自社の認知拡大、再生回数の増加につながります。

　検索ユーザーは、自分の課題を明確に理解している「顕在層」が多いため、課題解決型の動画が彼らの支持を得るきっかけとなりやすいです。YouTubeはGoogle傘下なので、Google検索結果でYouTubeの動画が優先的に表示されるのは自然な流れであり、動画の内容やキーワードを最適化することで、さらに多くの視聴者にリーチできます。

商品・サービスの魅力を伝えて行動を促す「動画の訴求力」

　YouTube動画は、他のメディアよりも圧倒的に大きな訴求力を持ちます。特に、顧客教育やブランディングにおいては、その効果が顕著です。テキストや画像では伝えきれないニュアンスや人間が放つ熱量も動画なら正確に伝えることが可能で、購買行動に大きな影響を与えられます。

　僕は、以前所属していたYouTuber事務所のUUUMで数々のトップクリエイターたちを見てきました。YouTubeはただ情報を伝えるだけでなく、人の心を動かし、強い影響力を持つ媒体なのです。

23

トレンドに乗って認知度を広げられる

　ここでいうトレンドとは、現在YouTube上で人気を集めている動画や話題のことを指します。YouTubeのおすすめ機能は話題のニュース、流行のチャレンジ、人気イベント、注目されているキーワードなどの流行に敏感に反応するので、トレンドをうまく活用できれば、チャンネルの認知度を大きく広げられます。

YouTubeアナリティクスで細かいデータ分析が可能

　YouTubeは、他のSNSと比べて非常に詳細なアナリティクス機能（動画の分析機能）を備えています。自分の動画がどれだけ視聴されたか、視聴者がどのような属性を持つか、どの時間帯に再生されたかなど、さまざまなデータを分析できるので、視聴者の興味やニーズに合わせたコンテンツ制作に活かすことができます。

　たとえば、特定の年代や性別の視聴者が多ければ、その層に響くテーマを強化したり、視聴者が離脱したポイントやよく見られている動画の傾向を分析して、次回以降の動画制作に反映させるなど、アナリティクスのおかげで細かい対応が可能になっています。

低コストではじめられる

　無料ではじめられる点もYouTubeの大きな魅力です。僕はこれまでに4,000本以上の動画をYouTubeに投稿してきましたが、多くの作業を自分で行い、低コストで運用しています。

　YouTubeは無料で使用できるので、スマートフォンや無料の編集アプリを活用すれば初期費用を抑えて運用を開始できます。

CHAPTER-1　集客するならYouTubeが最適な理由

YouTube運営で 知っておきたい用語集

SECTION 05
YouTube運営で知っておいてほしい用語を整理しました。本書を読んでいてわからない単語が出てきたら、ここで調べましょう。

■ アドセンス（Google AdSense）

Google AdSenseは、YouTube動画に表示される広告を通じて収益を得る仕組みです。広告の再生やクリックによって報酬が支払われます。ただ収益を受け取るにはYouTubeの収益化条件をクリアする必要があります。

■ アルゴリズム

YouTubeのアルゴリズムは、視聴履歴や検索履歴、視聴時間などを基に視聴者に最適な動画をおすすめするシステムです。アルゴリズムに対応した動画を作成することで、視聴者の検索結果やおすすめ動画、関連動画に表示されやすくなります。ただし、アルゴリズムの仕組みは公開されていないため、分析と改善を繰り返すことが重要です。

■ インプレッション

インプレッションとは、動画が視聴者の画面に表示された回数のことです。インプレッション数が多いほど、多くの視聴者に動画が露出していることを意味しますが、再生されるかどうかは別問題です。インプレッション数とクリック率（CTR）の組み合わせが再生数を決定します。

■ SEO（検索エンジン最適化）

SEOは、検索エンジンやYouTube内の検索結果で上位に表示されるための施策です。タイトルや説明文、タグに関連するキーワードを適切に含めることで、視聴者が検索で発見しやすい動画になります。

■ エンゲージメント

エンゲージメントとは、視聴者が動画に対して行う「高評価」「コメント」「シェア」などのアクションを指します。エンゲージメントが高いほど、アルゴリズムに高く評価され、動画が他の視聴者にもおすすめされる可能性が高まります。

■ オーディオライブラリ

YouTubeのオーディオライブラリは、動画内で使用可能な音楽や効果音を無料で提供するサービスです。著作権侵害のリスクを回避しつつ、動画を魅力的にする音素材が揃っています。

■ 概要欄

動画の下に表示されるテキストエリアで、動画の補足情報やリンク、関連動画の紹介を記載できます。SEOを意識したキーワードを含めることで、検索順位を向上させる効果があります。

■ 関連動画

視聴中の動画に関連するコンテンツが自動的に表示される機能です。関連動画に表示されると再生回数が増加する可能性が高く、アルゴリズムに支持されるための要素を取り入れた動画作成が重要です。

■ 急上昇

急上昇は、再生回数や視聴時間、エンゲージメントが短期間で急増

した動画をランキング形式で表示するセクションです。急上昇に掲載されることで、多くの視聴者に届くチャンスが生まれます。

■ 共有

　動画再生画面の下部にある「共有」ボタンをクリックすると、視聴中の動画をSNSやメールで他の人とかんたんに共有できます。拡散力を高める重要な手段です。

■ 銀の盾（YouTube Creator Award）

　チャンネル登録者数が10万人を超えると授与される記念品です。クリエイターにとって目標となる節目であり、信頼性や影響力を高めるきっかけにもなります。100万人達成では金の盾が贈られます。

■ クリップ機能

　動画の特定部分を切り取り、SNSや他のプラットフォームで共有できる機能です。興味を引く場面を広めることで、動画の拡散力を高めます。

■ 高評価と低評価

　視聴者が「いいね」ボタンや「低評価」ボタンを押して動画を評価します。高評価はアルゴリズムにプラスの影響を与えますが、低評価が多いと動画の評価やリーチにマイナスの影響を与える可能性があります。

■ 再生リスト

　テーマ別に動画をまとめ、連続再生できる機能です。視聴者の関心を深める効果があり、再生回数を増やす手段として活用されています。

■ サムネイル

　動画の内容を象徴する1枚の画像で、視聴者が動画を視聴するかどうかを決定づける重要な要素です。デザインや文字配置を工夫することでクリック率を向上させ、動画のパフォーマンスを大きく左右します。

■ CPM（Cost Per Mille）

　広告が1,000回表示されるごとに広告主が支払う費用を表す指標です。YouTube収益において重要な指標で、広告の種類やターゲットによって異なります。

■ CPV（Cost Per View）

　動画広告を１回視聴するごとに発生する料金、つまり視聴単価を意味します。広告の効果測定や収益計算に用いられます。

■ ジェットカット

　不要な部分や間を削除し、テンポのよい動画に仕上げる編集手法です。視聴者を飽きさせないための効果的なテクニックです。

■ 視聴維持率

　視聴者が動画をどれだけ最後まで見たかを示す指標です。視聴者が早々に離脱した場合は維持率は低くなり、逆に動画を最後まで視聴した場合は維持率が高くなります。維持率が高い動画はアルゴリズムで高く評価され、他の視聴者にもおすすめされやすくなります。

■ ショート動画（YouTube Shorts）

　3分以内の短い動画で、スマートフォンでの視聴に特化した縦型コンテンツです。視聴者との接点を増やす手段として人気があります。

■ 推定収益

　動画やチャンネルから得られる収益の予測値です。広告収益やメンバーシップ収入が含まれ、収益計画の目安になります。

■ スパチャ（スーパーチャット）

　ライブ配信中に視聴者が送る寄付です。目立つコメントを送ることで、配信者と視聴者の交流を深める手段として利用されます。

■ スパム

　不適切なコメントや迷惑行為を指します。スパムが増えるとチャンネル評価に悪影響を及ぼすため、定期的な対策が必要です。

■ 総再生時間

　動画が視聴された合計時間です。再生回数だけでなく、総再生時間もYouTubeの評価指標として重要です。

■ タイムスタンプ

　動画内の特定シーンを直接再生できるリンクを指します。長い動画のナビゲーションや、重要ポイントの強調に役立ちます。

■ タグ

　YouTube動画に関連するキーワードを設定するための機能です。適切なタグを設定することで、検索や関連動画で発見されやすくなります。

■ チャンネルメンバーシップ

　視聴者が月額料金を支払って特定のチャンネルのメンバーになる仕組みです。メンバーになると、専用のバッジや絵文字が利用できたり、

メンバー限定の動画や生配信が視聴できるなどの特典があります。メンバーシップ を行うためには、登録者数1,000人以上などの条件があります。

■ トラフィックソース

視聴者がどの経路で動画にアクセスしたかを示すデータです。戦略を見直す際の指標として重要です。

■ 認証バッジ

チャンネル名の横に表示されるチェックマークです。信頼性の高さを証明し、なりすましを防止する役割があります。取得条件は主にチャンネル登録者数が10万人以上であることです。

■ ハッシュタグ

ハッシュタグとは、特定のトピックやキーワードを識別するためのタグで、#（ハッシュ記号）の後に単語やフレーズを続けます。

同じタグが付けられた投稿を検索しやすくなり、関連コンテンツを見つける手助けをします。

■ ブラウジング機能

視聴者の過去の視聴履歴や検索キーワードに基づき、アルゴリズムが自動的におすすめ動画を表示する機能です。

この機能により、ユーザーは興味に合った新しいコンテンツを簡単に見つけられます。

■ メタデータ

タイトル、説明文、タグなど、動画に関連する情報の総称です。SEO対策において重要な役割を果たします。

CHAPTER-2　YouTubeをビジネスに使う際の基礎知識

YouTubeからの集客を成功させるために知っておきたい事前情報

SECTION 01

YouTube集客を成功させるために、事前に知っておくべきポイントや初心者が陥りやすい失敗、そして失敗を防ぐ具体的な回避策について解説します。

継続することの重要性とそのための計画

　YouTubeをビジネス活用するには、チャンネル内に1本の動画を公開するだけではほとんど意味を持ちません。大事なことは「チャンネル回遊」、つまり**視聴者が複数の動画を見る機会を増やすこと**です。僕はコンサル生に「最低でも50～100本は投稿しないと、YouTubeの効果を発揮できず、スタート地点にすら立てない」といつも伝えています。

■ 動画の数が重要になってくる理由

　一本の動画で視聴者がいきなりファンになることはほとんどありません。視聴者が複数の動画を視聴する中で、「この人なら自分の悩みを解決してくれるかもしれない」という期待感が高まり、それが商品やサービスへの信頼へと繋がります。信頼が築けない人から商品を購入することは抵抗があると思います。見込み顧客と信頼を築くことをラポール（信頼関係）と呼びます。ラポールが構築されることで、視聴者は商品やサービスの購入を前向きに検討するようになります。

■ 視聴者のニーズに応える

　視聴者にとって価値のある動画を作るためには、視聴者の心理や悩みを深く理解し、それに応える内容を動画を通して提供することが重要です。視聴者の心を掴むには、リサーチを徹底し、ニーズに合った

動画を投稿しなければなりません。動画の反応はアナリティクスという YouTube の動画分析機能で細かく確認することができます。アナリティクスについては CHAPTER7 で詳しく解説します。

■ 継続が成功のカギ

　YouTube での失敗の多くは、継続できず途中で挫折してしまうことにあります。YouTube の成功のためには、「継続」が最も重要なポイントです。投稿本数が増えることで提供できるコンテンツが充実し、信頼を築きやすくなりますが、それも定期的に続けなければ効果を発揮しません。

　また、YouTube は継続的に動画を投稿しているチャンネルを優遇するアルゴリズムを採用しているので、頻繁に更新しているチャンネルは視聴者におすすめされやすくなる仕組みになっています。僕たちの動画投稿は YouTube 自身の利益にも繋がるため、定期投稿が重視されているのです。まずは、無理のないペースで動画を作り続け、継続を行っていきましょう。

再生数にこだわりすぎないようにする

　YouTube では全ての動画に再生数が表示されるため、再生数が少ないとネガティブに捉えがちです。しかし、YouTube をビジネスに活用する際に追うべき数字は、再生数やチャンネル登録者数ではなく、LINE やメルマガのリスト登録数、そして売上です。再生数が増えないことは問題ですが、目的を「再生数の増加」にしてしまうのは避けるべきです。理由はモチベーションの低下に繋がってしまうからです。

　特に問題になるのは、エンタメ系の YouTuber や他ジャンルの YouTube 発信者との数字との比較です。ビジネス系動画の視聴者数はエンタメ系ほど多くないので、そもそも再生数が伸びにくくなっています。再生数ではなく、1人の視聴者のために価値を提供することを意識し

33

て発信をすることが重要です。

■ ターゲット層の違いを理解する

エンタメ系YouTubeの視聴者は暇つぶしを目的としている人が多いのに対し、ビジネス系の視聴者は勉強や課題解決を目的としています。そもそもターゲットとする人数が少ないので、比較しても意味がありません。

ビジネス系で再生数の増加を追求しすぎると、広く浅く視聴する人たちを集めてしまう結果となり、売上に繋がりにくくなります。

それよりも絞り込んだターゲット層に刺さる動画を発信するのが大事です。直接的な再生数を狙うよりも、LINEやメルマガのリストの数が増えることを狙った動画を投稿して、ビジネスの成果に繋げることを目標としましょう。

■ ターゲットを意識することの重要性

次の「YouTubeの属性分布図」を見ていただくとわかるように、再生数を追いすぎると、下層のターゲット、つまり広く浅く視聴する人たちが集まりやすくなり、売上に繋がりにくくなります。

ビジネス系の発信をする際には、三角形の上部に位置する、より絞り込んだターゲットに刺さるような動画を発信しなければなりません。再生数を狙うあまり、エンタメに寄せた内容の動画を出すと一時的に再生数は増えるかもしれませんが、売上には繋がりにくいです。

この構造を理解せずにYouTubeを運営すると失敗に繋がります。どのようなYouTubeチャンネルを運営し、どのような動画を発信するのか慎重にテーマ設定を行うことが重要です。まずは価値を提供できる動画を増やしていき、その合間で再生数（露出）を増やすことを目的とした発信を行うことが重要になってきます。全体のバランスを見ながらチャンネル設計を行っていきましょう。

YouTubeの属性分布図

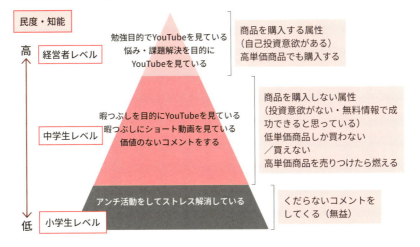

YouTubeでよくある失敗の回避策

YouTubeでの失敗の多くは、継続できずに途中でフェードアウトしてしまうことにあります。これを防ぐために、次の点に注意しましょう。

1. 目的を明確にし、軸をぶらさない

多くの人は再生数が増えないことに焦り、再生数を目的にしてしまいます。しかし、繰り返しになりますが、再生数だけを追い求めても売上には繋がりません。本来の目的である**売上やビジネス成果を常に意識し、再生数に振り回されない姿勢を持つこと**を忘れないようにしましょう。

2. 無理のない投稿頻度を設定する

定期的な投稿は大事ですが、最初から張り切って高頻度で投稿すると挫折してしまいます。最初は無理をせず、慣れてきたら頻度を増やすのがおすすめです。理想的には週1回ですが、最初は自分が継続で

きるペースで進めましょう。

3. コントロール可能なKPIを設定する

再生数やチャンネル登録者数といった自分の努力だけではどうにもならない数字をKPI（重要業績評価指標）つまり目標値として設定してしまうと、思うようにいかず挫折する原因になります。

ですので代わりに、**「投稿本数」**をKPIに設定しましょう。たとえば、「今月10本」「半年で50本」といった投稿本数を目標に設定することで、達成可能な指標をもとに行動することができます。

4. 周りに宣言をする

動画を投稿する計画を他の人に伝えるのも有効です。一人で運営していると、他の予定に追われて投稿が後回しになりがちです。公言してしまえば自分に適度なプレッシャーをかけ、やり遂げるモチベーションが高まります。あとは僕が行ってるYouTubeの講座もそうですが、周りにいるYouTubeをやってる人と切磋琢磨してやっていくことも大事です。コミュニティなどに入りYouTubeを運営してる人で助け合いながらやっていくことがモチベーションを高めることにつながります。

5. 業務の外注化を検討する

予算に余裕があるのなら編集やサムネイル作成、台本作成などの仕事を外注化するのも視野に入れるとよいでしょう。作業の一部を他の人に任せることで、業務を効率化し、継続しやすい環境を整えられます。

6. 専門家のサポートを受ける

独学で運営していると、誤った方法で運営し続けて結果が出ないことがあります。YouTubeに関する知識が豊富な人からアドバイスをもらい、正しい方向性で運営を進めることは、結果を早く出し失敗を回避する行動の一つです。

CHAPTER-2 YouTubeをビジネスに使う際の基礎知識

YouTubeアルゴリズムの基本を知っておこう

SECTION 02

アルゴリズムの考え方を知っておくことは、YouTubeの成長に不可欠です。ここではアルゴリズムの基本を解説します。

アルゴリズムはYouTubeの評価軸

せっかくYouTube動画を作っても、見てもらえなければ意味がありません。

あなたはYouTube動画を見るとき、どのように目当ての動画を探していますか？　チャンネル登録している動画以外を見る場合、次の2つの行動を取ることが多いのではないでしょうか。

1. おすすめや関連動画に表示されているものを見る
2. キーワードで検索して目当ての動画を探す

このときYouTubeは、視聴者にとって「最適」と思われる動画を表示しています。膨大な数の動画の中から「これがあなたにおすすめの動画だよ」と視聴者に提案する基準となるのが、「アルゴリズム」です。

YouTubeのアルゴリズムの目的は、視聴者の満足度を高めることにあります。視聴者の満足度が上がれば、YouTube内での滞在時間が増え、結果として広告が多く見られるようになります。つまり、アルゴリズムとは「この動画が視聴者の満足度を上げるかどうか」を判断する評価軸であり、視聴者に最適な動画を提供する仕組みなのです。

アルゴリズムはどう決まっているのか

　視聴者としてYouTubeを楽しむ場合、アルゴリズムにおすすめされた動画をただ視聴するだけで済みます。しかし、YouTubeで動画を発信する側としては、アルゴリズムを理解し、それに評価される動画を作ることが重要です。そうしなければ、せっかく作った動画が埋もれてしまい、視聴される機会が減ってしまうからです。

　いかにアルゴリズムに評価される動画を作り、おすすめ表示されるかが再生数の伸びにつながります。まずは、アルゴリズムの評価基準をしっかり把握しましょう。

　YouTubeはアルゴリズムの詳細をすべて公開しているわけではありませんが、主要な指標として以下が挙げられます。

■ 主なアルゴリズムの指標1　視聴履歴と行動

　YouTubeは、視聴者の過去の視聴履歴や検索履歴を基に、関連性の高い動画を表示します。たとえば、アニメ関連の動画をよく見る視聴者には、アニメ関連の動画が優先的に表示されます。そのように視聴者の興味に沿った動画をおすすめします。

■ 主なアルゴリズムの指標2　エンゲージメント

　「いいね」「コメント」「共有」「チャンネル登録」などのエンゲージメントが高い動画は質の高いコンテンツとみなされ、他の視聴者にも表示されやすくなります。なので意図的に「いいね」「コメント」「共有」「チャンネル登録」などを誘導するための施策を行っていく必要があります。

■ 主なアルゴリズムの指標3　総再生時間と視聴維持率

　視聴者が動画をどれだけ長く視聴したか（総再生時間）や、最後まで見続けた割合（視聴維持率）は、アルゴリズムにとって重要な指標

です。視聴時間が長ければ長いほど、その動画は質が高いと判断されて、他の視聴者にも積極的に表示されやすくなります。

■ 主なアルゴリズムの指標4　キーワードと関連性

動画タイトル、概要欄、タグに含まれるキーワードが検索結果やおすすめ動画に影響します。適切なキーワード設定が検索順位の向上につながります。また、動画内で発言している内容も検索に影響するため、動画内で意識的にキーワードを使用することも重要です。

■ 主なアルゴリズムの指標5　クリック率 (CTR：Click Through Rate)

サムネイルやタイトルが視聴者にどれだけクリックされたかを示す指標です。クリック率が高い動画は、視聴者の興味を引きやすい動画だ、と判断され、YouTubeがおすすめしやすくなり多くの人に表示される機会が増えます。

アルゴリズムは一定ではない

アルゴリズムの指標を理解し、それを動画制作に反映させることで再生数を伸ばすのがYouTubeマーケティングの基本です。本節ではアルゴリズムの基本を説明しましたが、具体的な活用方法についてはこれから詳しく解説します。

一点注意したいのは、アルゴリズムは時代に合わせて変化しているという点です。常に最新の情報を収集し、柔軟に対応することが大事です。

ただ、一点だけ変わらないことがあります。それは『**ユーザーに高い満足度を与えている動画をYouTubeは優遇しようとしている**』ということです。アルゴリズムを意識しすぎて、本来の目的、「視聴者に対する価値を提供する」ということは忘れないようにしましょう。

CHAPTER-2　YouTubeをビジネスに使う際の基礎知識

SECTION 03

YouTube運用でやってはいけないNG行動

YouTubeには「これをやれば絶対に成功する」という決まったノウハウは存在しませんが、避けるべき行動はいくつかあります。

友人・知人などにチャンネル登録をお願いするのはNG

　YouTubeをはじめたばかりの頃、なんとかチャンネル登録者数を増やそうと友人や知人に登録をお願いする人がいますが、これは避けるべき行動です。なぜなら、興味のない人による登録は、YouTubeのアルゴリズムにとって逆効果だからです。友人や知人があなたのチャンネルに興味がない場合や、動画を見ることに習慣がない人の場合は以下のような問題が発生する可能性があります。

・「動画を視聴しない登録者」が増える
　登録しても動画を視聴しない場合、YouTubeのアルゴリズムはその登録を「意味のない登録」と判断します。その結果、チャンネルの評価が下がる可能性があります。

・おすすめ機能が低下する
　視聴されない動画が増えると、YouTubeはそのチャンネルを「視聴者に興味を持たれにくい」と判断し、新しい視聴者へのおすすめ頻度を減らします。これにより、新規の視聴者にリーチする機会が減少してしまいます。

　友人や知人が登録してくれても、動画まで視聴することは少ないでしょう。このような「視聴しない登録者」の存在は、アルゴリズムに

悪影響を与えることを覚えておきましょう。結果的に、アルゴリズムがチャンネルを「魅力の低いチャンネル」と判断し、新しい視聴者へのおすすめ表示が減少してしまいます。

■ 必要なのは「本当に興味を持つ視聴者」

チャンネル登録者数で大切なのは「質」です。友人や知人に頼るのではなく、動画の内容や魅力を高め、本当に興味を持ってくれる視聴者を獲得することを目指しましょう。視聴者が自発的に登録してくれることこそが、YouTube運用の成功につながります。

動画の非公開・削除はNG

YouTubeのアルゴリズムは、個々の動画を個別で評価しているのではなく、チャンネル全体の動画を総合的に評価しています。そのため、1本の動画を非公開にしたり削除したりするだけで、チャンネル全体の評価に悪影響を及ぼす可能性があります。

実際、僕がコンサルティングを行ったチャンネルでは、1本の動画を非公開にした結果、全体の再生数が急激に減少したケースがあります。一時期、「再生数の低い動画を非公開にすると評価が上がる」という噂が広まりましたが、僕の経験では逆に評価が下がる可能性が高いと考えています。

また、YouTubeではチャンネル内の動画同士が関連動画として機能し、視聴者を他の動画へ誘導します。しかし、動画を非公開にするとその関連性が途絶え、視聴者の回遊性が損なわれてしまいます。これにより、チャンネル全体のパフォーマンスが低下し、再生数の減少につながるのです。

さらに、YouTubeはプラットフォームとして動画の量が増えることを望んでいるため、動画数を減らすことはアルゴリズム上不利に働く可能性があります。動画の非公開や削除は避け、既存の動画を活かし

41

ながら新しい動画を追加することで、チャンネル全体の質と量を保つようにしましょう。

ただし、これらの内容はYouTube公式が公開している情報ではないため、推測の域を出ません。しかし、これまでの経験上、動画を非公開にする行為は避けたほうがよいと考えています。既存の動画を残しつつ、継続的に新しい動画を投稿することで、チャンネル評価を維持し、成長させていく道を選ぶべきです。

購入者向けの動画のアップはNG

YouTubeでは、購入者限定の動画をチャンネルにアップロードすることが規約違反とされています。たとえば有料で販売しているコンテンツをYouTubeに限定公開設定でアップロードし、購入者のみが視聴できるようにするなどの行為は禁止されています。このような規約違反が発覚すると、アカウントが永久凍結されるなど、厳しいペナルティ（ストライク）が科される可能性があります。

一方で、YouTubeから外部サイトに視聴者を誘導し、商品やサービスの販売ページへリンクを貼る行為は許可されています。ただし、広告やリンクが過剰に多い場合には、YouTubeの規制対象となることもあるため、バランスに注意が必要です。

規約違反が確認された場合には段階的にペナルティが科されます。YouTubeでは、コミュニティガイドラインに違反した場合、以下の「ストライクシステム」に基づき警告や制裁が段階的に進行します。

■ ストライクシステムの流れ

1．事前警告

最初の違反では事前警告が発せられます。この時点ではペナルティはありませんが、YouTubeのポリシーを理解するためのトレーニングを受けることが推奨されます。事前警告は90日後に解除されますが、

同じルールに違反すれば警告が持続される可能性があります。

2．1回目のストライク

　再び違反を犯した場合、1回目のストライクが適用され、動画のアップロードやライブ配信が1週間に渡って制限されます。このストライクは90日間有効です。

3．2回目のストライク

　1回目のストライクから90日以内に再度違反すると、2回目のストライクが発生し、2週間コンテンツ投稿が禁止されます。

4．3回目のストライク（BAN）

　さらに90日以内に3回目のストライクを受けた場合、チャンネルは完全に削除されます。これがいわゆる「BAN」つまりチャンネル削除の状態です。

　もし誤ってストライクが科されたと思われる場合、再審査を申請することが可能です。YouTubeは申請内容を再度確認し、必要に応じてストライクを撤回することがあります。
　また、視聴者からの報告によってもストライクが発生する場合があります。コンテンツがガイドラインに違反していないか、事前にしっかり確認しましょう。

著作権違反に気を付ける

　YouTubeを利用する際は、著作権や肖像権に関するルールをしっかり守りましょう。

■ 著作権について

　著作権とは、他人が作成した作品を無断で使用することを禁止する法律です。以下の行為は著作権違反に該当するため、必ず避けてください。

- 許可を得ずに他人の作品を動画に含める
- 他人の画像、音楽、動画を無断で使用する

　すべてのコンテンツには著作権が発生します。他人の作品を使用する場合は、必ず事前に許可を得るようにしましょう。

■ 肖像権について

　個人の姿や映像が無断で公開されない権利です。他人の姿を許可なく動画で使用し公開することは、肖像権の侵害となります。

　インターネット上で情報発信を行う際には、他人の肖像を使用しないよう細心の注意を払いましょう。必要に応じて必ず事前に許可を得ましょう。

■ 音楽の著作権について

　YouTubeでは、音楽に関して特別な著作権管理システムがあります。

　著作権で保護された音楽を無断で使用しても、自動的に著作者に広告収益が配分される仕組みが導入されています。著作権違反と表示されても、音楽を使用すること自体は可能ですが、広告収益が発生した場合、その収益は著作者に入ります。

　最近では、他人のコンテンツを無断で使用し、トラブルになるケースが増加しています。特に、他人が作成した画像や動画をそのまま使用する行為は厳禁です。コンテンツを使用したい場合は、必ず事前に著作者に確認を取り、許可を得たうえで使用してください。

CHAPTER-2　YouTubeをビジネスに使う際の基礎知識

SECTION
04

YouTubeをはじめる際に必要な機材

スマートフォンや三脚などの基本アイテムから、パソコンや編集機材の選び方まで、初心者でも手軽に揃えられる機材を紹介します。

機材について

　初心者に多い誤解のひとつが、「機材が揃わないとYouTubeをはじめられない」という考え方です。しかし、YouTubeをビジネス目的で活用する場合、高価な機材を用意する必要はありません。最低限の音質や映像の質を確保できれば、動画制作をスタートすることは十分可能です。

　たとえば、映像美を重視するVlogでは高品質な機材が必要になる場合もありますが、ビジネス系のYouTubeチャンネルでは映像の質よりもコンテンツの中身が重要です。

　実際、僕が最初に投稿した動画は、iPod touchで撮影したものですが、最終的に30万回以上再生される結果となりました。

iPod touchで撮影した動画

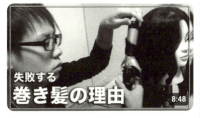

45

■ 動画の質について

　YouTubeをはじめる多くの方が誤解しがちな「動画の質」について
お話しします。非常に重要な内容なので、腑に落ちるまで何度も読み
返してみてください。

　「動画のクオリティや質を向上させる」という話題はよく耳にします
が、多くの人が「動画のクオリティ」について誤った理解をしていま
す。それは、「編集や演出が優れていること」を「質の高い動画」と捉
えてしまうことです。たとえば、緻密に作り込まれた編集や効果音、
台本を一字一句正確に読み上げた動画などが、その代表例です。しか
し、これらはあくまで「編集のクオリティが高い」だけであり、動画
そのものの質が高いとは言えません。

　では、本当に「質の高い動画」とは何でしょうか？

　それは、「視聴者にどれだけ大きな変化をもたらすことができたか」
という点にあります。つまり、視聴者が動画を見る前と見た後で、そ
の人の人生や考え方にどれだけ影響を与えられたかが、動画の質を決
定づける要素なのです。

　この本質を誤解してしまうと、動画の質を上げるために「編集を強
化しなければならない」とか、「カメラの画質を向上させなければなら
ない」といった、本質とは関係のない部分にばかり労力を注いでしま
います。このような方向性の誤りは、多くの動画制作者が陥りがちな
ポイントです。

　動画の質を本当に向上させたいのであれば、視聴者が何を求めてい
るのかを深く理解し、彼らに響くメッセージを届けることが重要です。
視聴者が感動し、救われるような内容を提供する。さらには、視聴者
にとって役立つ情報を伝え、変化や助けをもたらすことが必要です。
これこそが、動画制作において最も重視すべきポイントです。

　しかし現在、YouTubeに関する情報の多くは「動画の質」を「見か
けの良さ」として捉えたものばかりで、多くの人がそれに影響されて

誤解しています。このような誤解を解消するためにも、本書を通じて「動画の質とは、視聴者に与えた変化や影響である」という本質をしっかり理解し、心に留めていただければと思います。

カメラ

撮影はスマートフォンで十分対応できます。特に、最近のスマートフォンは非常に高い画質で撮影可能です。たとえば、iPhoneならiPhone X以降のモデルであれば、ビジネス動画のクオリティとして十分な水準です。ただし、古い機種では画質が低く、「クオリティが低い」と視聴者に感じられる可能性があるため、あまりにも旧式のスマートフォンは避けましょう。

一方で、最新のスマートフォンは高性能なビデオカメラと同等か、それ以上の画質を提供できることが多く、多くのケースで問題なく使用できます。実際、僕のマーケティングの師匠であるイングリッシュおさるさんは、起業1年目で月商3.6億円を達成しましたが、現在でもiPhoneで撮影を続けています。このように、撮影クオリティとビジネスの成功は必ずしも比例しないのです。

ただし、スマートフォンでの撮影にはいくつかの注意点があります。特にiPhoneは、暗い部屋や照明が不十分な環境では画質が低下しやすい傾向があります。そのため、適切な照明の使用が重要です。また、スマートフォンの内蔵マイクは音質があまりよくない場合があります。音声が重要な動画では外部マイクの導入を検討するとよいでしょう。

まずは手持ちのスマートフォンで撮影を試し、視聴者目線でクオリティを確認してください。問題がなければ、そのままスマートフォンを使用して撮影を進めるのがおすすめです。もし音質や画質に課題がある場合は、マイクやライトといった機材を追加して改善していきましょう。

三脚

　撮影の安定性を確保するために、三脚はカメラと並んで必要な機材です。スマートフォンで撮影を行う際も、三脚がなければ安定した映像を撮影するのが難しくなります。おすすめの三脚として「Velbon ファミリー三脚 EX440」を挙げます。この三脚は安定性が高く、高さ調整がしやすい点が特徴で、コストパフォーマンスにも優れています。

　また、スマートフォンを三脚に取り付ける際には、専用のアダプターが必要です。スマートフォンには通常、カメラ用のネジ穴がないため、そのままでは三脚に固定できません。アダプターを使用すれば、スマートフォンをしっかりと固定し、安定した撮影が可能になります。

パソコン

　YouTube運営を本格的にはじめるなら、パソコンの購入を検討しましょう。スマートフォンだけでも運営は可能ですが、ビジネスとして展開を考える場合、パソコンを使うことで編集や管理、マーケティングツールの利用が効率的に行えます。

　特に動画編集やサムネイル作成を自分で行う予定があるなら、パソコンは必須です。一方で、編集やデザインを外注することでスマートフォンだけで運営することも可能ですが、長期的に考えるとパソコンを持つほうが有利です。

　僕のおすすめは「MacBook Pro」です。動画編集を行う場合は、メモリ16GB以上、ストレージ容量1TB以上のモデルを選ぶと安心です。

本書特典で「失敗しない機材集」をご用意しています。

CHAPTER-3　YouTubeチャンネルを開設しよう

YouTubeをビジネスに使う目的を明確にしよう

SECTION 01

YouTubeをビジネスに活用する具体的な流れと、成功のために必要な視聴者の心理変化について説明します。

YouTubeをビジネスに活かすには何をするべきか

　この書籍を手に取る方の多くは、YouTubeをビジネスのツールとして活用したいと考えているはずです。では、具体的にビジネスに活用するためには何を行えばよいのでしょうか。

　YouTubeで稼ぐと聞くと広告収入を思い浮かべる人が多いと思いますが、自社の商品を持っている方は広告収益を目指すよりも、YouTubeを広告・宣伝媒体として活用するほうが効果が高いです。

　具体的には、次の流れをイメージしてください

1．YouTubeで価値を提供して認知を広げる
2．視聴者の興味を引く
3．LINEやメルマガへの登録を促す
4．セミナーや個別相談に誘導する
5．最終的に商品やサービスの購入につなげる

　YouTubeで顧客の課題を解決する発信を行い、ファンを増やすことで、LINEやメルマガなどの登録を促し、実際の商品やサービスの購入につなげるという流れです。あくまでビジネスとしてYouTubeを活用する場合はYouTubeは宣伝・マーケティングの媒体として活用するもので、広告収益を狙うものではありません。

　エンタメ系YouTuberが広告収益で稼ぐのとは違い、再生数だけを

追求しない理由もここにあります。再生数だけにこだわるのではなく、**視聴者にとって価値のある情報を提供し、ビジネス成果につながる運営を目指しましょう。**

購入に至るまでの視聴者の心理をイメージしよう

売上につなげるYouTube運用では、視聴者の心理状態が段階的に変化し、最終的に購入に至るのが理想的です。逆にいえば、このような心理変化を促すための設計がなければ、商品やサービスの販売にはつながりません。

視聴者の心理を考えずに、やみくもに発信をしていても売上を上げることは難しいでしょう。まずは視聴者の心理の流れを理解し、その流れに沿ったチャンネル運営を意識することが大切です。以下の段階に基づいて、視聴者の心理状態を把握しましょう。

売上につながるYouTube運用

■ STEP1：認知していない〜STEP2：認知する

　最初は、視聴者があなたのことを全く知らない状態（STEP1）からはじまります。その状態から、YouTubeのサムネイル画像や動画タイトルを見てクリックしてもらうことで、はじめて視聴者との接点が生まれます（STEP2）。

■ STEP3：興味を持つ〜STEP4：発信が気になる

　次に、動画を視聴してもらい、動画の内容を通じて視聴者の心を動かし、興味を持ってもらうことが重要です（STEP3）。ただし、興味を持ってもらっただけでは視聴者はすぐに離脱してしまいます。そのため、他の動画に誘導する声かけやLINE誘導を行い、チャンネルの他の動画など次のコンテンツを視聴してもらえるよう工夫する必要があります（STEP4）。

■ STEP5：好きになってくる〜STEP6：この人なら私を救ってくれるかも

　この流れの中で、視聴者があなたの発信を定期的にチェックしはじめ、「この人なら私を救ってくれるかもしれない」と感じる心理状態に導くことが重要です（STEP5 → STEP6）。

■ STEP7：商品やサービスを購入する

　最終的に、視聴者が「この人なら私を救ってくれる、この人から商品を買いたい」と思う心理状態に到達することが目的です。
　視聴者にこのような心理変化を起こしてもらうには、チャンネル設計やコンセプト設計が欠かせません。その方法について、次節から具体的に解説していきます。

CHAPTER-3 YouTubeチャンネルを開設しよう

SECTION
02

3C分析を使って
チャンネルの設計図を作る

YouTubeチャンネルの成功には初期設計が欠かせません。チャンネルの目的設定から市場リサーチ、独自性の見つけ方まで、基盤となる設計図を作る方法を詳しく解説します。

ターゲットを明確にする理由

商品やサービスをYouTube経由で販売するなら、ターゲットを明確にしなければなりません。誰に売るか、誰に見てもらうかを明確にしなければ、YouTubeの発信内容が計画できないからです。まずはどんな人をターゲットにするかをイメージしてください。

- 商品を売りたいターゲットはどんな人か
- ターゲットのどんな課題を解決するのか
- ターゲットが求めている情報は何か
- その課題に対し、これまでどのような解決方法が試みられ、なぜ上手くいかないのか

ターゲット分析＆市場リサーチ（競合調査）の５ステップ

チャンネルの設計図を作るために、ターゲット分析と市場リサーチを行います。これから5つのステップを紹介しますが、必ずこの順序に従って進めましょう。

■ 1. 顧客（ターゲット）の悩みを100個書き出す

まずは、ターゲットがどんな悩みを抱えているのかを100個書き出します。この作業はビジネスの基盤となり、YouTubeで発信するネタ

53

の源にもなります。100個は多いと感じるかもしれませんが、顧客の悩みを100個描き出せないと、そもそもYouTubeで視聴者が求める動画を投稿していくことはできません。必ず行ってください。

■ 2．キーワードを洗い出し、その検索意図を書き出す

ターゲットが悩みを解決するために、インターネットでどんなキーワードを検索するかを予測し、それをリストアップします。そして、そのキーワードに対する「検索意図」を整理してください。
「検索意図」とは、検索した人がどんな課題を抱えており、どんな解決策を求めているかを推測する作業です。
たとえば、ターゲットがダイエットを考えている場合、「ダイエット　糖質制限」といったキーワードが挙がるでしょう。その後、これらのキーワードを検索する理由を考えます。その場合、このような仮説が考えられます。

例1：糖質制限の効果
糖質制限ダイエットが本当に効果的かどうかを確かめたいという意図で検索している可能性があります。実際にどれくらいの期間で効果が出るのか、どの程度の効果が期待できるのかを知りたいと思っているかもしれません。

例2：具体的な食事メニューを知りたい
糖質制限を行うにあたって、どのような食事をとればいいか、具体的なメニューやレシピを調べたいと考えている可能性があります。特に毎日の食事に取り入れるためのアイデアを探しているかもしれません。

例3：リスクや副作用の確認
糖質制限にはリスクが伴うかもしれないと考え、その安全性や

健康への影響について調べたいという意図も考えられます。糖質を制限することで栄養バランスが崩れるリスクがあるのではないか、と心配しているかもしれません。

例4：他のダイエット方法との比較

糖質制限と他のダイエット方法、たとえばカロリー制限や運動を取り入れた方法との違いを比較し、どちらが自分に合っているかを知りたいという意図も考えられます。

このように複数の仮説を立て、ターゲットが検索する背景や目的を幅広く考えましょう。それをイメージすることでより具体的な視聴者の悩みや感情を理解できます。

■ 3．そのキーワードで検索し競合チャンネルをリストアップする

リストアップしたキーワードをYouTubeで実際に検索を行い、競合チャンネルを特定します。競合チャンネルとは、自分と同じジャンルの動画を投稿しているライバルチャンネルです。

複数のキーワードで検索を繰り返し、可能な限り多くの競合チャンネルを見つけ、そのチャンネルがどのような動画を投稿しているかを確認しましょう。

■ 4．登録者数に対して3倍以上再生されている動画を分析する

競合チャンネルが特定できたら、登録者数に対して再生回数が3倍以上の動画をピックアップします。これらの動画は視聴者ニーズを的確に捉えた人気コンテンツです。

次に、なぜその動画が伸びているのかを分析し、視聴者の潜在的な欲求を仮説として立てましょう。

成功している動画の企画やタイトルは常に参考にし、自分のチャンネルでも取り入れていきます。もちろん単に模倣するのではなく、自

分の視点やテーマを反映させることが重要です。そのためにもまずは、しっかり競合を分析しましょう。

■ 5．リサーチシートにまとめる

最後に、ここまでの情報を「リサーチシート」にまとめます。リサーチシートには、以下の項目があります。

- 顧客の悩み100個
- キーワードと検索意図
- 競合チャンネル一覧
- 登録者数に対して3倍以上再生されている動画のリスト

リサーチシートは、今後も動画制作のアイデア出しやチャンネル運営の指針として役立ちます。リサーチシートについては、僕が実際に使用しているものを配布するので、これを使用していただければと思います。

リサーチシート配布QR

本書14ページにある読者特典紹介もご覧ください

■ リサーチは継続するもの

リサーチは一度行えば完了するものではありません。YouTubeの世界は日々変化しています。そのため、リサーチシートも一度作成して終わりではなく、新たな発見があれば随時更新し、常に最新の市場の情報を反映させることが大切です。

自分自身のリソースを生かした価値提供とは

有名なマーケティング手法に「3C分析」というものがあります。3C分析とは、ビジネスの成功要因を見つけるために「3つのC（Customer：顧客、Competitor：競合、Company：自社）」を分析するフレームワークです。

これまでの内容で、顧客（視聴者）や競合チャンネルの分析について解説しましたが、最後に考えるべきは、視聴者のニーズや競合の動向から得た洞察をもとに、「自分はどのような発信をしていくべきか」という点です。これが3C分析における「自社」に該当します。

具体的には、以下の点を考え、組み合わせて独自のコンテンツ戦略を構築しましょう。

- 競合との差別化ポイントは何か？
- ターゲット視聴者の満たされていないニーズは何か？
- 自分の経験やスキルをどう活かせるか？

YouTubeには毎日新規の参入者が増えています。他社や競合のリサーチは重要ですが、それ以上に大切なのは、自分自身のコンテンツ力を高めることです。視聴者が何を求めているのかを常に考え、自分は何が発信できるのかをしっかり考えましょう。

CHAPTER-3 YouTubeチャンネルを開設しよう

チャンネルの
コンセプト設計

SECTION
03

YouTubeチャンネルの成功には、視聴者のニーズを満たす明確なコンセプト設計が大事です。チャンネルの方向性を確立するために大事なことをお話しします。

コンセプトとは

　チャンネルのコンセプト設計は、YouTubeチャンネルの成功において極めて重要な要素です。コンセプトとは、「誰に向けて（どのような状態から）どうなるための価値や変化を提供するチャンネルなのか」を明確に定義することを指します。

■「誰に向けて」

　まず、「誰に向けて」とは、ターゲット視聴者を指します。これは、先ほど行ったリサーチをもとに具体的に設定します。ターゲット視聴者の年齢、性別、職業、興味関心、抱えている課題などを、できるだけ詳細に描きましょう。

■「どのような状態から」

　「どのような状態から」とは、ターゲット視聴者の現在の状況や課題を表します。たとえば、ダイエットに関するチャンネルの場合、「体重が気になる」「健康的な食生活ができていない」といった現状が該当します。

■「どうなれる」

　最後に、「どうなれる」とは、あなたのチャンネルが提供する価値や解決策です。たとえば、「理想の体型を手に入れる」「健康的で持続可

58

能な食生活が送れるようになる」といった成果が考えられます。

これを整理したものがコンセプトになります。ここで最も重要なのは、**「このコンセプトがターゲットに求められる内容であるかどうか」**です。自分が面白いと思うコンテンツを作っても、視聴者のニーズや欲求に合致していなければ意味がありません。常に顧客思考で考えることが重要です。また、コンセプトは抽象的なアイデアで終わらせず、「このチャンネルを見ることで視聴者がどのような変化や成果を得られるのか」を明確に示す行動指針にする必要があります。

決めたコンセプトは永遠に固定されるわけではありません。視聴者のニーズや欲求は時流やトレンドによって変化します。視聴者の反応や市場の変化に応じて柔軟に変化させていきましょう。

ターゲットの「痛み」と「快」の理解

人間の行動原則である「痛みと快の原則」は、YouTubeチャンネルのコンセプト設計においても非常に重要な考え方です。この原則は、視聴者が現在感じている「痛み」（問題や課題）から、望ましい「快」の状態（解決や解消）へ移行したいという欲求を理解し、それに応えることを指します。

視聴者があなたのYouTube動画をクリックする理由は、その動画が「痛み」から「快」へ移行する手助けになると無意識的に感じたときです。チャンネルのコンセプトを決める際には、ターゲット視聴者がどのような「痛み」を抱えており、どのような「快」を求めているのかを深く理解することが欠かせません。

■ 例：ターゲットの「痛み」と「快」

ダイエットに関するチャンネルの場合

- 痛み：体重が減らない、自信が持てない、健康への不安
- 快：理想の体型を手に入れる、自信を取り戻す、健康的な生活

を送る

ビジネス関連のチャンネルの場合

- 痛み：収入が不安定、仕事のストレスが高い、時間の使い方が非効率
- 快：安定した高収入を得る、仕事と自分の時間とのバランスを取る、時間を効率的に使う

　あなたのチャンネルは、視聴者を「痛み」から「快」へ導くガイドとしての役割を果たせていますか？

　コンテンツを通じて、視聴者が抱える問題の解決策や目標達成のための具体的な方法を提供できているか、今一度考えてみてください。

■「痛みと快の原則」を活用するメリット

「痛みと快の原則」を理解し、チャンネルに適用することで、以下のような効果が期待できます。

- 視聴者のニーズに直接応えるコンテンツの作成
- 思わずクリックしてしまう
- 動画を最後まで見てしまう
- 視聴者との強い信頼関係の構築

　視聴者の表面的なニーズだけでなく、深層心理にある、真の「痛み」と望む「快」を理解することが重要です。また、視聴者の「痛み」と「快」は、タイミングによって変化します。そのため、定期的に見直しを行い、新しいニーズや課題に対応することが必要です。

　リサーチはYouTube内だけにとどまらず、他のプラットフォームや実際の顧客・友人など人と直接対話を通じて行うことで、より深い洞察が得られるでしょう。

自分の得意と顧客の課題が交わるところをコンテンツ化する

　視聴者の「痛み」と「快」を理解したうえで、次に考えるべきは「どのような動画を作ればその問題を解決できるか」です。この際、以下のポイントを意識しましょう。

- 視聴者の具体的な悩みや問題点を明確にする
- その問題に対する解決策や改善方法を提示する
- 解決までのプロセスを段階的に説明する
- 実践的なアドバイスやテクニックを提供する
- 成功事例や体験談を紹介して希望を与える

具体例：ダイエット系チャンネルの場合

- 「かんたんに続けられる！初心者向け1週間ダイエットメニュー」
- 「ダイエットの停滞期を乗り越える5つの秘訣」
- 「30日で5キロ痩せた私の食事内容全公開」

　これらの動画は、視聴者の「痛み」（ダイエットがうまくいかない、継続できない）を解消し、「快」の状態（理想の体型、健康的な生活）へと導く具体的な道筋を示しています。重要なのは、情報を提供するだけでなく、視聴者の感情的なニーズにも応えることです。励ましや共感を示すことで信頼関係を築き、再現性を担保しましょう。再現性を伝える際には、以下のような言葉を使うと効果的です。

- 「以前の私はあなたと同じ状態でした。しかし、この方法を実践することで半年後には理想の状態になれました」
- 「私だけでなく、教えた方々も3ヶ月で同じように理想の結果を得ています」

このように視聴者に共感してもらったうえで、自分の情報が誰にでも再現可能であることを伝えることで、視聴者に希望を与え、信頼を深めることができます。

ターゲットに再現性を伝える

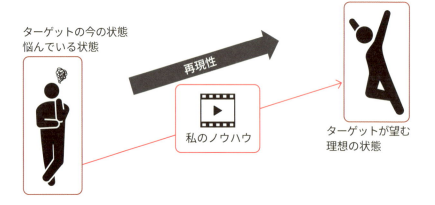

「このチャンネルは何のチャンネルか」を明確にする

　コンセプトが明確でないチャンネルは、「このチャンネルは何を目的としたチャンネルなのか？」という問いに答えられません。この問いに答えられないまま、無計画にさまざまなテーマの動画を発信しているチャンネルが多くあります。

　このようなチャンネルは、視聴者にとって「何屋かわからないお店」のような印象を与え、ターゲット視聴者を引き寄せることができません。結果として、ファンを獲得しづらく、動画を増やしても成長しないチャンネルになってしまいます。

　視聴者がチャンネルを訪れたときに、「このチャンネルは自分のニーズを満たしてくれる」とすぐに理解できるようなしっかりとしたコンセプトを決めましょう。

CHAPTER-3　YouTubeチャンネルを開設しよう

SECTION 04

YouTube開設のための Googleアカウントの取得

YouTubeをはじめるにはGoogleアカウントが必要です。Googleアカウントを作成したことがない人はこの節の手順で作成してみましょう。

新しいGoogleアカウントを作成する

1. Googleトップページにアクセス

ブラウザのアドレスバーに「Google」と入力し、検索結果からGoogleの公式ページを開いてください。右上にある「ログイン」ボタンをクリックします。

2.「アカウントを作成」をクリック

ログイン画面が表示されます。既存のGoogleアカウントをお持ちの方は、ここからログインします。新しいアカウントが必要な場合は、「アカウントを作成」をクリックします。

3.「個人で利用する」を選ぶ
「個人で利用する」を選びます。

4. 名前を入力
次の画面で、名前（姓と名）を入力し、「次へ」をクリックします。

5．誕生日と性別を入力

次に誕生日と性別を入力します。入力後、「次へ」をクリックします。

6．メールアドレスを作成

メールアドレスを作成します。上にはランダムにアドレスが表示されますが、「自分でGmailアドレスを作成」を選び、希望のユーザー名を入力します。

既に使用されているユーザー名は登録できないため、エラーメッセージが出た場合は、数字などを加えて別のユーザー名を入力してください。

7. パスワードを設定

　安全性の高いパスワードを設定してください。パスワードは忘れないよう、必ずメモしておきましょう。同じパスワードを再入力して確認を行います。

8. 非常時用のメールアドレスを登録

　再設定用のメールアドレスを入力します。このメールアドレスを登録しておくことで、パスワードを忘れた際にアカウントの復旧が可能になります。

9. 電話番号を登録

お持ちの電話番号を入力してください。この番号はアカウントの保護や確認に使用されます。

設定ができたら「次へ」をクリックします。

10. 利用規約への同意

表示された利用規約を確認してください。同意できる場合は「同意」を選択してください。

11．アカウント作成完了

　画面右上にあなたの名前が表示されていれば、Googleアカウントの作成が完了です。

　これで、YouTubeをはじめる準備が整いました。次の節でYouTubeチャンネルの作成方法をご説明します。

CHAPTER-3 YouTubeチャンネルを開設しよう

3

SECTION
05

YouTubeチャンネルの開設

ブランドアカウントの作成から便利なデフォルト設定まで、チャンネル開設に必要な基本手順を解説します。

ブランドアカウントを使う4つのメリット

YouTubeチャンネルは「個人アカウント」と「ブランドアカウント」の2種類があります。基本的には、ブランドアカウントを使用するべきです。ブランドアカウントには以下のようなメリットがあります。

1. 複数の管理者を追加可能

　複数のメンバーでチャンネル運営ができ、役割分担が可能です。

2. 複数チャンネルの一元管理

　複数のプロジェクトを同時進行する際も統一感のある運用が可能です。

3. ブランド名の使用

　チャンネル名にブランド名を使用でき、認知度向上や専門性のアピールにつながります。

4. 個人情報の保護

　個人アカウントに比べ、個人情報が紐づかないため、安心して利用できます。

ブランドアカウントの作成手順

1．GoogleでYouTubeを検索しアクセス

　ここからは、Googleアカウントにログインした状態で行いましょう。Google検索で「YouTube」と入力し、公式サイトにアクセスします。

2．アカウント名をクリック

　YouTube画面の右上に自分自身のGoogleアカウント名が表示されています。これをクリックして表示されたメニューから「YouTube Studio」を選択します。

3. チャンネル名とハンドル名を決める

　チャンネルの作成画面が表示されます。チャンネル名と「ハンドル名（アカウントID）」を設定します。プロフィール写真は後からでも設定可能なので、後で設定しましょう。「チャンネルを作成」をクリックします。

ハンドルとは

　ハンドルとは、自身のアカウントのIDのようなもので、チャンネルのアドレスにも利用されます。ハンドル名は、覚えやすくわかりやすい名前にしましょう。ローマ字だけでなく日本語も使用可能です。詳しい説明はCHAPTER4-1で解説しています。

4．チャンネル完成

　作成が完了すると「YouTube Studioへようこそ」と表示されたら「続行」をクリックします。

　あなたのチャンネルができました。以降、ここに動画をアップロードして魅力的なコンテンツを蓄積していきましょう。

セキュリティ設定：二段階認証とパスワード管理

　セキュリティを高めるために、二段階認証の設定をしておきましょう。次の手順で行えます

1．Googleアカウントの管理ページに移動

　Googleトップページで右上のアカウントをクリックし、「Googleアカウントを管理」をクリックします。

2．セキュリティページへ移動

　Googleアカウントの管理ページが出てきます。左側の「セキュリティ」をクリックしてセキュリティページを開きます。

3．二段階認証の設定を確認する

　ページの下部にある「2段階認証プロセス」の欄に「2段階認証プロセスは無効になっています」と表記されている場合、2段階認証が行われていません。設定するためにクリックします。

4．パスワードを入力

　Googleアカウントのパスワードを入力します。

5．パスワードを入力

「電話番号を追加」をクリックします。

6．電話番号を追加する

「日本」を選択して電話番号を登録し、SMSで届いたコードを入力します。

76

「2段階認証で保護されています」と表示されたら完了です。

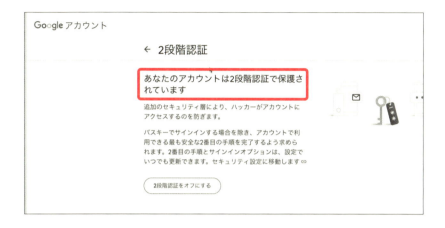

7．2段階認証の設定を確認する

先ほどのページの2段階認証プロセスの部分が「○○より有効」と表示されたら完了です。

「機能の利用資格」を有効にする手順

機能の利用資格を有効にすると、YouTubeチャンネルで高度な機能

が利用可能になります。「中級者向け機能」と「上級者向け機能」を有効化しましょう。

■ 中級者向け機能でできること

　中級者向け機能の利用資格の許可を得ると下記のことが行えるようになります。

- 15分以上の動画を投稿可能
- カスタムサムネイルを設定可能
- ライブ配信が可能

■ 中級者向け機能を有効にする

1．YouTube Studioにアクセス

　右上のアカウントアイコンをクリックし、「YouTube Studio」を選択します。

2.「設定」を選択する

左下の「設定」をクリックします。

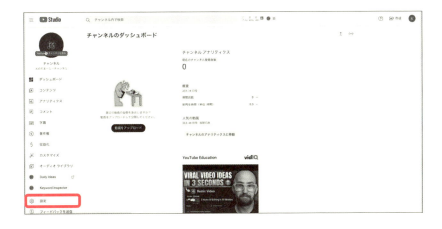

3．中級者向け機能を選択する

「チャンネル」タブの「機能の利用資格」タブを開きます。

ここから中級者向け機能・上級者向け機能のどちらも設定できます。まずは「中級者向け機能」から行います。「中級者向け機能」をクリックします。

4．電話番号を確認

電話番号を入力し、SMSまたは自動音声で送られる確認コードを入力します。これで中級者向け機能が有効になります。

■ 上級者向け機能でできること

上級者向け機能の利用資格の許可を得ると下記のことが行えるようになります。

- 概要欄に外部リンクを挿入可能
- ショート動画やライブ配信の作成数の上限引き上げ
- 1日のアップロード数の上限引き上げ
- Content IDの申し立てに対する再審査請求
- ライブ配信の埋め込み
- サムネイルをいくつか試して比較
- 収益化の申し込み資格

■ 上級者向け機能を有効化する

1．上級者向け機能の利用をクリック

「機能の利用資格」で「上級者向け機能」をクリックします。「機能を利用する」をクリックします。

2．機能認証を申請

　3つの方法で認証を行えますが、一番かんたんな方法は一番上の「動画による確認を使用する」です。今回はこちらで進めます。

81

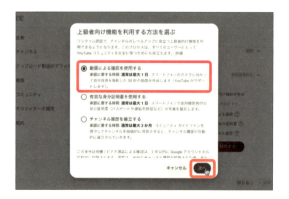

「代わりにQRコードをスキャン」をクリック

表示されるQRコードをスマートフォンで読み込みます。

3．スマートフォンで顔認証を行う

　スマートフォンのほうでログインを求められるので、Googleアカウントでログインを行います。ログイン後、顔認証がはじまります。

　顔認証を行うページに移行します。「I agree」をタップ。

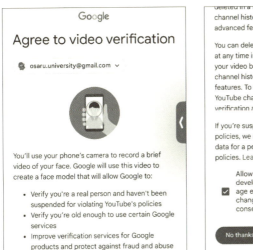
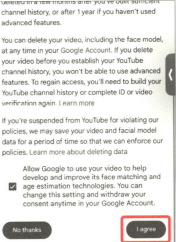

顔認証作業がはじまるので画面に出ているイラストのとおりに顔を動かしてください。

4．認証完了

　申請はここで終わりです。通常、1～2日程度で認証が完了します。

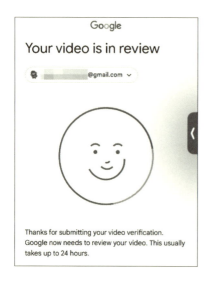

アップロード動画のデフォルト設定を行う

「アップロード動画のデフォルト設定」は、動画をアップロードする際に、自動的に事前設定した情報が入力される便利な機能です。設定を行えば、タイトルのフォーマット、説明欄の固定文、タグ、公開範囲（公開、限定公開、非公開）などを事前にセットできます。毎回同じ項目を手入力する手間を省き、作業効率を向上させられます。

1.「YouTube Studio」を選択

　YouTubeページ右上のアイコンをクリックし、表示されたメニューから「YouTube Studio」を選択します。

2.「設定」をクリック

　YouTube Studioに移動したら、左下にある「設定」をクリックします。

3.「アップロード動画のデフォルト」を選択

　設定メニュー内の「アップロード動画のデフォルト」をクリックすると、動画のタイトルや概要欄、公開設定、タグなどを事前に設定する画面が表示されます。「基本設定」と「詳細設定」のタブを移動して、どちらも設定しておきましょう。

■ デフォルト設定の内容

・概要欄

　概要欄には、LINEやメルマガ登録用リンク、特典情報、SNSリンク、ハッシュタグなどを記載します。視聴者が興味を持ちやすいよう、特典の具体的なメリットを明確にしましょう。注意点として、リンクの入れ過ぎは禁物です。最大でも3、4個までに抑えておきましょう。理由としては選択肢が多くなりすぎると視聴者が選べなくなってしまうからです。欲張りすぎには注意しましょう。

　通常のハッシュタグは検索流入という印象が強いですが、YouTubeではハッシュタグを検索する文化が弱いため、アナウンス目的やお店の看板的な役割で使うことが多いです。自分のアピールしたい内容をハッシュタグに入れるようにしましょう。

例：#概要欄からYouTube集客アカデミーの説明会特典が受け取れます！

・公開設定

　公開設定には、「公開」「非公開」「限定公開」の3種類の設定があり

ます。

- 非公開：動画は自分だけが視聴可能です。
- 限定公開：リンクを知っている人だけが視聴可能で、他の人に確認してもらいたいときに便利です。
- 公開：全世界に公開されます。

デフォルト設定では「限定公開」か「非公開」を選択し、確認が済んでから公開することをおすすめします。

・タグ設定

　タグは10〜20個を目安に、動画に関連するキーワードを入力します。多く入れればいいというわけではなく、関連性のないタグを入れると逆効果になるため、適切なキーワードを選びましょう。キーワードの選び方については、CHAPTER4-2で解説します。

・詳細設定

詳細設定のタブに移動して、以下の設定をしておきましょう。

- コメントの有効/無効：心ないコメントが気になる場合は、コメント機能をオフにすることも可能です。
- カテゴリ選択：動画のジャンルに最適なカテゴリを選びましょう（詳しくはCHAPTER4-2で解説）。
- 言語設定：言語を「日本語」に設定してください。
- 字幕設定：基本的には「なし」で問題ありません。

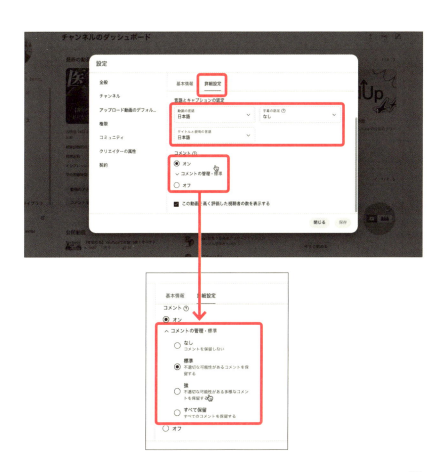

　設定が終わったら「保存」をクリックして完了です。デフォルト設定は一度行えば、以降の動画アップロードがスムーズになるので、最初に行っておくようにしましょう。

CHAPTER-4　YouTubeチャンネルの設定

基本のチャンネル設定

SECTION 01

チャンネル名や説明文などの基本情報設定は、視聴者に印象を与え、再訪問を促すための重要なポイントです。しっかり考えて設定しましょう。

チャンネル名

　チャンネル名はYouTube運営における重要な要素の一つです。記憶に残らないチャンネル名では視聴者の印象に残らず、再訪問のきっかけを作るのが難しくなります。以下の点を考慮してチャンネル名を考えましょう。

1．一目で内容がわかる名前にする

　チャンネル名を見ただけで、どのようなコンテンツを扱っているのかが明確に伝わるのが大事です。

2．覚えやすくキャッチーな名前にする

　名前が複雑すぎたり平凡すぎると、視聴者の記憶に残りません。短く、響きのいい名前を考えましょう。視覚的にも覚えやすい名前が理想です。

3．SEO（検索エンジン最適化）を意識する

　チャンネル名に関連キーワードを含めることで、視聴者がGoogleやYouTubeで検索した際に見つけてもらいやすくなります。

4．ターゲット視聴者に寄り添った名前にする

　視聴者に「このチャンネルは自分向けだ」と感じてもらうことが大

切です。たとえば、「まーしーチャンネル」のようなチャンネル名で
は、視聴者の興味を引くのは難しいでしょう。視聴者が興味を抱くキ
ーワードを盛り込んだチャンネル名を付けることが重要です。

5. シンプルで短い名前を選ぶ

　長すぎる名前は覚えにくく、視聴者に印象を残しにくいです。短く、
わかりやすい名前を心がけましょう。

ハンドル

　ハンドルは「@」ではじまる短い文字列で、これにより、各チャン
ネルに固有のアドレスを設定できます。以下のようなメリットがあり
ます。

・なりすまし防止

　各チャンネルに唯一のハンドルが割り当てられるため、他ユーザー
が同じハンドルを使うことはできず、なりすまし被害を防げます。

・チャンネルの独自性強調

　視聴者が他のチャンネルと区別しやすくなり、新しい視聴者を引き
つける効果が期待できます。

・短く覚えやすいURL生成

　ハンドルに基づくURL（例：youtube.com/@ma_shi_onoda）が作
成されるため、SNSでのプロモーションがかんたんになり、視聴者が
チャンネルを見つけやすくなります。

・さまざまな場所で表示

　ハンドルはショート動画、コメント欄、検索結果、コミュニティ投

稿、チャンネルページなど、さまざまな場面で表示され、視聴者との接点を増やします。

■ ハンドルの設定方法

1．YouTube Studioの「カスタマイズ」をクリック

　YouTube Studioを開き、左側のメニューから「カスタマイズ」をクリックします。

2．ハンドルを設定

「アカウント」欄に、使用したいハンドルを入力します。ハンドル名は以下の条件に従って入力します。

- 3〜30文字以内
- 英数字や特定の記号（アンダースコア、ハイフン、ピリオド）を使用可能
- 既に使用されているものや不適切な内容は不可
- 漢字、平仮名、カタカナも使用可能

　使用可能なハンドルを確認後、確定ボタンを押して設定を完了させ

ます。

チャンネル説明

　チャンネル説明はチャンネルのトップページに表示される文章です。「さらに表示」をクリックすると、全文が表示されます。

■ チャンネル説明作成のポイント

　チャンネル説明文は視聴者にあなたのチャンネルを知ってもらうために重要な役割を持っています。以下の点に考慮して、しっかり考えましょう。

1．キーワードの活用
　説明文の最初の150文字に重要なキーワードを盛り込むことで、検索で見つけてもらいやすくなります。

2．視聴者にとってのメリットを明確に
「視聴者がこのチャンネルから何を得られるか」を具体的に伝えましょう。たとえば、「毎週新しいレシピ動画を公開」など、視聴者の期待に応える内容を明示します。

3．運営者のバックグラウンドを伝える
　チャンネルの運営者が信頼できる人物であることを示すため、実績や経験を盛り込みましょう。たとえば、「フランスで10年以上の経験を持つシェフが運営」などの情報で視聴者に安心感を与えます。

4．行動を促すメッセージ（CTA）の追加

視聴者に次のアクションを促しましょう。例として、「LINE登録でレシピをプレゼントしています、LINEの登録を行って受け取ってください」など、具体的な指示を含めると効果的です。

5．配信スケジュールを記載

「毎週水曜と土曜に新しい動画を公開」のように更新タイミングを明示することで、視聴者に定期的に訪れてもらえるようにします。

6．定期的に更新する

新しい動画ジャンルやプロジェクトを追加した場合など、チャンネルの成長に合わせて説明文もアップデートしましょう。

■ チャンネル説明の設定方法

YouTube Studioを開き、左側のメニューから「カスタマイズ」をクリックし、カスタマイズページを開きます。下にスクロールすると、「説明」の項目があるので、ここにチャンネル説明文を入力してください。編集が完了したら「公開」をクリックして保存します。

チャンネルアイコン

　YouTubeチャンネルのアイコンは、チャンネルの「顔」といえる存在です。視聴者に強い印象を与えるので、興味を引き記憶に残るアイコンを設定しましょう。

■ アイコン作成のポイント

1．画像形式とサイズの確認

　使用可能な画像形式は JPG、GIF、BMP、PNG ですが、アニメーション GIF は使用不可 です。推奨サイズは 800×800ピクセルで、表示サイズは 98×98ピクセルとなるため、縮小されても鮮明に見えるデザインを心がけましょう。

2．著作権の配慮

　他者の著作権を侵害しないように、自分で撮影した写真やフリー素材を使用しましょう。フリー素材を使用する場合でも、ライセンスを確認して適切に利用することが大切です。

3．デザインツールの活用

　自分でアイコンを作成する際には、Canvaというオンラインデザインツールの利用がおすすめです。初心者でも使いやすく、豊富なテンプレートや素材を活用してオリジナルのアイコンをかんたんに作成できます。

4．インパクトを重視

　背景に植物の緑や鮮やかな色を取り入れることで、視覚的な印象を強められます。視聴者目線で「どのようなアイコンなら覚えやすいか」を意識してデザインを考えましょう。

■ アイコンの設定方法

アイコンも YouTube Studio の「カスタマイズ」ページから行います。「写真」の項目で、アイコン画像をアップロードしましょう。

チャンネルアート

YouTube チャンネルアートは、チャンネルのコンセプトやブランドイメージを視覚的に表現できる要素です。ロゴやデザインカラー、フォントを統一することで、チャンネルの個性を伝えられます。ブランディングの役割も果たします。

■ チャンネルアートのポイント

デザインでそのチャンネルのテーマやコンセプトを表現することが大事です。文字などは最小限にすることを心がけ、視聴者の記憶に残るようなデザインを意識しましょう。

1. 重要な情報はデザインの「安全エリア」に配置

安全エリア（1546 x 423ピクセル）にロゴやタグライン、メッセー

ジなどの重要な要素を配置しましょう。これにより、パソコン、スマートフォン、タブレットなど、どのデバイスから見ても重要な情報が適切に表示されます。

2．高品質な画像を使用

　推奨サイズは2560 x 1440ピクセルで、ファイル形式はJPG、PNG、BMP、非アニメーションGIFに対応しています。ファイルサイズは6MB以下に抑え、プロフェッショナルな印象を与えるために高解像度の画像を選びましょう。

3．シンプルで見やすいデザイン

　視覚的にスッキリしたデザインは、視聴者に伝わりやすく印象に残りやすいです。要素を詰め込みすぎず、適度な余白を設けて重要な情報が際立つようにデザインしましょう。

4．デバイスごとの表示を考慮

　パソコン、スマートフォン、タブレットなど、さまざまなデバイスで表示範囲が異なるため、それぞれに対応できるレイアウトを心がけましょう。プレビュー機能を活用し、すべてのデバイスで一貫した見

栄えを確認します。

5．他社の成功例を参考にする

　HIKAKINさんをはじめとした他社の成功しているチャンネルのチャンネルアートを参考にしてみましょう。他のチャンネルを研究すると、「このデザインは視覚的に魅力的だ」と感じるポイントを見つけられます。

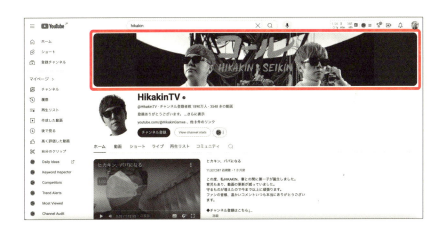

　チャンネルアートは、その他の設定と同じく、YouTube Studioの「カスタマイズ」ページから行います。

CHAPTER-4 　YouTubeチャンネルの設定

4 その他の設定

SECTION
02

適切なカテゴリ設定で動画の視聴者にアプローチしましょう。視聴者のニーズに合わせた選択が、動画のリーチと満足度を向上させます。

カテゴリ設定

　YouTubeでは動画を投稿する際、エンターテイメント、ゲーム、コメディ、スポーツなどの15種類からカテゴリ選択ができます。たとえば、ペットに関する動画なら「ペットと動物」、旅行に関する動画なら「旅行とイベント」など、動画の内容に最も関連性が高いカテゴリを選択しましょう。

■ カテゴリの設定方法

1.「アップロード動画のデフォルト」を選択

　YouTube Studioにログインし、左下にある「設定」をクリック。「アップロード動画のデフォルト」を選択します。

2. カテゴリを選択する

　表示されるタブから「詳細設定」をクリックします。「カテゴリ」を選択し、自身の動画やチャンネルに適したものを選びます。最後に「保存」をクリックして完了です。

■ **適切なカテゴリ選びがもたらす効果**

　YouTubeのアルゴリズムは、タイトルや説明文だけでなく、設定されたカテゴリも考慮して関連動画を表示します。正しいカテゴリ設定により、リーチを広げ、動画の露出のチャンスを高めることができます。

地域設定

　地域設定を正しく行うことで、ターゲット地域の視聴者に関連性の高い動画が表示されやすくなります。

■ 地域設定の方法

1．単位を日本円に設定する

　YouTube Studio にログインし、左下にある「設定」をクリックします。「全般」タブを開き、デフォルトの単位（通貨）を日本円に設定します。

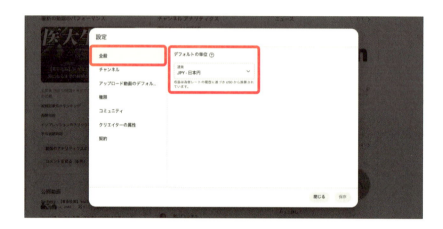

2．住居地の設定

「チャンネル」タブをクリックし、居住国を日本に設定します。

3．言語を日本語にする

「アップロード動画のデフォルト」タブを選択し、「詳細設定」をクリックします。動画の言語を日本語に設定します。タイトルと節目の言語を日本語に設定します。

キーワード設定

　YouTubeはGoogleに次ぐ大規模な検索エンジンであり、適切なキーワード設定はSEO対策の一環として非常に重要です。正しいキーワードを設定することで、動画が関連する検索結果やおすすめ動画、関連動画に表示される可能性が高まります。

■ キーワード設定の方法

　YouTube Studioにログインし、左下にある「設定」をクリックします。設定画面内で「チャンネル」を選びます。
「キーワード」の項目に、設定したいキーワードを入力しましょう。

105

■ どんなキーワードを設定すればいい？

キーワードが思い付かないときは、以下の方法を試してみましょう。

・サジェスト機能を活用

YouTubeの検索窓にメインとなるキーワードを入力すると、関連するサジェスト（例：「YouTube」と入力すると「収益化」「はじめ方」など）が表示されます。これらを参考に視聴者がどのような言葉で検索しているかを把握しましょう。

・外部ツールを活用

　ラッコキーワードなどのツールを使用して、競合の分析や検索ボリュームの調査を行うことで、より効果的なキーワードを選定することが可能になります。

コメント管理

　YouTubeでは、視聴者が動画に対してコメントを投稿することができます。また、発信者はこれに対して返信を行ったり、いいねボタンやハートマークを付けることが可能です。

　コメントやリアクションを積極的に活用してコミュニケーションを取ることで、動画を定期的に視聴してくれたり、商品に興味を持ってくれる可能性が高まります。

1．コメントの確認と管理方法

　YouTube Studioにログインし、左側のメニューから「コミュニティ」をクリックします。投稿されたコメントが一覧で表示されます。ここから個別のコメントに対応できます。

107

2．コメントへの返信

　対応したいコメントの下にある「返信」ボタンからコメントの返信が行えます。「送信」を押すと視聴者側に通知がいきます。

3．コメントの削除や非表示

　各コメントの右端にある3点リーダーをクリックすると、以下の対応が可能です。

- 削除：コメントを削除します。

- 「報告」：スパムや不適切なコメントをYouTubeに報告します。
- 「ユーザーをチャンネルに表示しない」：そのユーザーからのコメントを非表示にします。

　僕の場合は少しでも嫌に感じるコメントがあったら「ユーザーをチャンネルに表示しない」を選択しています。メンタルを穏やかに保つためにも、運営者自身が快適に運営できる環境を整えることが大切です。

4．いいね（ハートマーク）を活用する

　コメントに対してハートマークを付けると、視聴者に通知が届きます。視聴者に「コメントを見てくれている」と思ってもらえるので、ハートマークだけでもコミュニケーションになります。時間がない際はこちらのボタンを使用しましょう。

CHAPTER-4　YouTubeチャンネルの設定

4 外部リンク設定

SECTION
03

YouTubeを効果的に活用するには、視聴者を自社のWebサイトやSNSに誘導する仕組みが不可欠です。適切なリンク設定で視聴者との接点を広げましょう。

外部リンクの設置

　外部リンクを設置すると、チャンネルのトップページにリンクが表示されます。

110

スマホ版

　このようにWebサイトをまとめて表示できるので、視聴者が興味のあるリンクにかんたんにアクセスできるようになり、自社コンテンツへの興味を深めてもらうことができます。

外部リンクを設定する

1．YouTubeStudioで「カスタマイズ」を選ぶ

　YouTube Studioにログインし、左側のメニューから「カスタマイズ」をクリックします。

2.「リンク」を設置する

ページの下部にある「リンク」で、「リンクを追加」をクリックし、「リンクのタイトル」と「URL」を設定します。

SNSアカウントとの連携

YouTubeチャンネル開設初期は、チャンネルの認知度が低く、動画の再生数が伸びにくい時期です。

この段階を早く乗り越えるためには、他のSNSと連携してチャンネルの認知度を上げ、ブーストをかけることが重要です。外部からの流入を活用することにより、YouTube側もあなたのチャンネルを認識しやすくなり、アルゴリズムによっておすすめされる可能性も高まります。ただし、興味がない人に動画を視聴してもらうと、視聴率が低下し、チャンネル評価が下がる可能性があります。拡散する際は、自分のコンテンツに関心がある人を対象にしましょう。

CHAPTER-4　YouTubeチャンネルの設定

ECサイトの設定

SECTION 04

YouTubeショッピング機能を活用すれば、動画やライブ配信を通じて商品を視聴者に直接販売できます。設定方法や条件を確認し、収益を効果的に伸ばしましょう。

YouTubeショッピング機能

　YouTubeショッピングは、クリエイターが自身のYouTubeチャンネルで商品を紹介し、視聴者がその場で直接購入できる機能です。僕のコンサル生の中には、この機能を利用して毎月250万円以上の売上を上げている方もいらっしゃいます。

■ 利用条件

　YouTubeショッピングを利用するには、以下の条件を満たす必要があります。

- YouTubeパートナープログラムに参加していること。
- チャンネル登録者数が一定数以上（通常1,000人以上）であること。
- 対象視聴者が子ども向けに設定されていないこと。

■ 連携可能なプラットフォーム

　YouTubeショッピングは以下のプラットフォームと連携して商品を販売できます。

113

- SUZURI
- Fourthwall
- Shopify
- Spreadshop
- Spring

　これらのプラットフォームに出品している商品を、YouTube動画の下部の商品棚に表示できるようになります。

■ ショッピング機能の設定方法

　収益化の利用条件を満たしている状態でYouTube Studioを開き、左側メニューから「収益化」をクリックします。収益化のページで「ショッピング」のタブをクリックします。「ショップをリンク」ボタンから、各プラットフォームと連携を行えます。

COLUMN
複数チャンネルの作成と管理

　YouTubeでは、1つのチャンネルだけでなく、複数のチャンネルを運営できます。新しいコンセプトの動画を企画したり、異なるターゲット層に向けて発信する場合、1つのチャンネル内で異なる内容を混在させると、視聴者離れを招く可能性があります。そのため、別のチャンネルを開設してコンテンツを分けて投稿することをおすすめします。それぞれのチャンネルを異なるジャンルやターゲット層に合わせて運営することで、視聴者満足度とエンゲージメントを向上させられます。

新しいチャンネルの作成方法

　YouTubeのトップページで、右上の自身のアイコンをクリックします。表示されたメニューから「設定」をクリックします。

「チャンネルを追加または管理する」をクリックします。

次に「チャンネルを作成」をクリックします。

新しいチャンネル名を入力し、「新しい Google アカウントを独自の設定で作成していることを理解しています」にチェックを入れて「作成」をクリックすると、新しいチャンネルが完成します。

複数チャンネルの切り替え方法

　複数のチャンネルを管理している場合、かんたんに切り替えが可能です。右上のアカウントをクリックして、「アカウントを切り替える」をクリックすると、持っているチャンネルが一覧表示されます。切り替えたいチャンネルを選択すると、指定のチャンネルに切り替わります。

CHAPTER-5　YouTube運用の目標設定

目標達成のための
ロードマップ

SECTION 01

YouTube運営は「導入期」「成長期」「成熟期」の3段階に分けられます。各段階ごとに戦略を立てましょう。

チャンネル運営の3段階とは

　YouTubeチャンネル運営は、大きく「導入期」「成長期」「成熟期」の3段階に分けられます。YouTubeのアルゴリズムは各フェーズごとに異なる評価基準を持っているため、それぞれの段階に応じた戦略が必要です。

- 導入期：検索キーワードを意識し、チャンネルの方向性をテストする
- 成長期：視聴者を惹きつけるコンテンツを充実させる
- 成熟期：チャンネルブランドの確立と安定的なファンの獲得

　目標や戦略は活動の羅針盤となり、迷いや挫折を防ぐ重要な役割を持ちます。各段階に明確な目標と戦略を設定し、迷わず進みましょう。

まずは投稿本数を目標にする

　YouTubeのおすすめ動画として表示されるのは、多くの場合、投稿本数が100本以上でYouTube側に高く評価されたチャンネルの動画です。

　YouTubeの世界では「100本投稿してからがスタート」ともいわれます。それほど投稿本数が大事な世界ということです。

少ない投稿数で良質なコンテンツを作ることも大切ですが、そもそも動画の本数が少なければ、YouTube側に認識されず、再生数もなかなか伸びません。だからこそ、**初期地点では**再生回数やチャンネル登録ではなく、**「投稿本数」で目標を立てましょう**。本数が増えたらそこからPDCAが行えるようになります。

　具体的には、「1か月に◯本投稿」「半年後には◯本達成」など、数値を設定して計画的に取り組むことをおすすめします。短期的な結果にこだわらず、長期的な成長を見据えた運営を心がけてください。

　また、目標設定は動画を1〜5本投稿した段階から行うようにします。その時点になると、投稿の流れや必要な作業時間を把握でき、現実的で達成可能な目標を立てられるようになります。

動画の本数を充実させる理由

　YouTubeで重要なのは、1本の動画のクオリティだけで勝負するのではなく、チャンネル全体を通じて視聴者にどれだけ価値を提供できるかです。たとえ1本の動画が視聴者にとって非常に有益で価値の高いものであったとしても、チャンネル内に動画がほとんどない場合、チャンネル全体としての価値は限定的なものになってしまいます。

　そのため、視聴者に価値を提供するには、動画の本数を増やすことが重要です。多くの動画があることで、視聴者に対するチャンネルの信頼感が向上します。そして、その信頼が集客につながり、最終的にはマネタイズにも結びつきます。

　これを例えるなら、1回しか会ったことのない人よりも、毎週1回会う人と1年間会い続けたほうが信頼を得やすい、ということです。同様に、視聴者との接触回数を増やすことが信頼の構築において重要です。そのため、動画の本数を充実させることは、チャンネル運営において非常に大切な要素といえます。

CHAPTER-5　YouTube運用の目標設定

5 導入期

SECTION 02

導入期では検索流入を狙った動画作成が重要です。視聴者の悩みに応える動画を投稿し、チャンネルの認知度を高めましょう。

検索流入を狙った動画作成

　チャンネル開設直後の段階では、YouTubeにも視聴者にも認識されていません。この「誰にも知られていないチャンネル」に人を呼び込むためには、導入期に検索結果に表示されることを目標にする必要があります。つまり、**検索流入を狙った動画を投稿すること**が導入期の基本戦略です。

　具体的には、ユーザーが検索しそうなキーワードを動画タイトルや内容に組み込み、そのキーワードで検索された際に表示されるような動画を作成します。ただし、動画の内容は視聴者の具体的な悩みに応えるものでなければなりません。

　たとえば、スキンケアに関するチャンネルを運営しているなら、「ニキビ　治し方」や「乾燥肌ケア　方法」といったキーワードで、ユーザーの問題解決に繋がるコンテンツを配信していきます。

　僕が元々美容師としての動画を投稿していた頃は、「髪の毛　巻き方」といったキーワードをタイトルなどに含み、コテを使った巻き髪の方法を解説する動画を投稿していました。

　このような「検索流入を狙った動画」は、YouTubeのアルゴリズムから「視聴者の問題解決に役立つコンテンツ」として評価されやすい特徴があります。視聴者が必要とする情報を提供し、動画内で視聴者の悩みや課題を解決することは、YouTube発信の基本ですが、特に初期段階では重要です。

120

前述したターゲットの悩みやキーワードのリサーチが、ここで大い
に役立ちます。リサーチを元に、視聴者が求める情報を的確に提供す
ることで、チャンネルの認知度を高め、初期の成長を加速させていき
ましょう。

コンセプトを検証していく

　検索流入を狙った動画を投稿し、YouTubeのアルゴリズムに「この
キーワードならこのチャンネルをおすすめしよう」と認識してもらう
ためには、投稿する動画に一貫性を持たせたコンセプトが必要です。

　ここでいうコンセプトとは、CHAPTER3で設計した「このチャンネ
ルがどの視聴者に、どのような情報を提供し、視聴者をどのような状
態に導きたいのか」というチャンネルの方向性のことです。

　ただし、最初に設定したコンセプトやターゲット層が必ずしも視聴
者のニーズに合致しているとは限りません。そのため、導入期のコン
セプトはあくまで「仮説」として考え、動画の投稿を通じて検証し、
必要に応じて柔軟に修正していくことが大切です。

　ありがちなのは、最初に設定したコンセプトを絶対視しすぎていくら
動画の本数を増やしても再生数や登録者数が伸びないという失敗です。

　このような状況になったら一度立ち止まり、現状を冷静に分析しま
しょう。「今発信している内容は本当に視聴者に求められているか？」
「視聴者のニーズとズレていないか？」といった見直しが必要です。

　チャンネル運営において最も避けるべき失敗は、「チャンネルを継続
できず途中でやめてしまうこと（フェードアウト）」です。一度決めた
方向性に固執せず、検証と修正を繰り返し、柔軟に対応していくよう
にしましょう。

　コンセプトの適切性や成功の度合いは、アナリティクス（動画やチ
ャンネル全体を分析するツール）で確認できます。具体的なアナリテ
ィクスの使い方については、CHAPTER7で詳しく解説します。

企画のアイデアは50本ストックしておく

導入期では、安定して投稿を続けるために、少なくとも50本分の動画アイデアをストックしておきましょう。

スプレッドシートやメモアプリを活用し、思いついたアイデアを随時記録して整理します。ストックしたアイデアを元に、どのタイミングでどの企画を実施するか計画的に進めましょう。

アイデアの発想力を高めるためには、ターゲット視聴者へのリサーチやヒアリングを積極的に行うのがおすすめです。コメント欄で質問してみたり、リアルな場面での会話やヒアリングなど色々な手段を使って情報収集しましょう。見込み顧客の悩みや課題がわからないと動画発信はもちろんうまくいかず、集客には繋がりません。YouTube集客においてとても重要なポイントです。

動画スキルを磨いていく

初期段階では、100点満点の完璧な動画を目指す必要はありません。30点でも構わないので、まずはどんどん動画を公開し、視聴者からのフィードバックを得ながら改善を重ねていきましょう。

動画作成はスキルの一つであり、繰り返し実践することで徐々に上達していきます。最初の1本目にこだわりすぎて公開をためらい、最終的には投稿自体を諦めてしまうケースが少なくありません。この「こだわりすぎ」が、動画制作を難しくし、結果としてフェードアウトにつながることもあります。

YouTubeでは動画を公開しない限り、YouTubeや視聴者からのフィードバックを得ることはできません。これはスポーツと同じで、知識だけを増やしても実際にプレイしなければ上達しないのと同じです。最初から完璧を目指すのではなく、**「やりながら学ぶ」姿勢で継続することが大切です。**

CHAPTER-5　YouTube運用の目標設定

SECTION 03

成長期
（50本超えたあたり）

成長期には、検索流入に加えトレンドを意識した動画作成や、新しい挑戦を取り入れ、チャンネルの幅を広げていくことが重要です。

検索流入に加えてトレンドを加えた企画

チャンネル内の動画が50本から100本ほどになる頃が、成長期の目安です。この段階では、検索流入を狙う動画投稿だけでなく、「トレンドを意識した動画の投稿」を意識していきます。

■ トレンドとは

トレンドとは、「多くの視聴者の興味を集めている人気のあるコンテンツ」を指します。導入期では、視聴者の悩みや課題に対する解決策を提供する動画、つまりニッチなテーマがメインでした。これにより、YouTube側に「このチャンネルは○○の課題を解決することに特化したチャンネルだ」と認識してもらい、プラットフォーム内でのポジショニングを確立できたのです。

一方、成長期では、より多くの人にチャンネルを知ってもらうために、時流に乗ったテーマで動画を投稿し、幅広い層へのリーチを目指します。これが「トレンドを意識した動画投稿」の狙いです。

トレンドを読むには

トレンドを読むためには、以下のポイントを意識しましょう。

1．競合チャンネルをリサーチ

　事前にCHAPTER3でリストアップしておいた競合チャンネルの動画を、再生数が多い順に並べて分析します。特に、再生数が登録者数の3倍以上の動画は注目すべきです。たとえば、登録者数が1,000人のチャンネルなら、再生数が3,000回以上の動画です。これは、その動画がチャンネルのファン以外にも視聴され、幅広い視聴者に刺さるテーマであることを示しています。

2．コメント欄の反応をチェック

　人気動画のコメント欄で視聴者の反応を観察し、どのようなポイントが評価されているかを分析します。

3．他のSNSやニュースを活用

　XやInstagram、TikTokなどのSNSや、ニュースサイトで注目されているキーワードや話題を把握します。

4．タイミングを逃さない

　トレンドは「情報の鮮度」が命です。1ヶ月前に注目されていた話題が、翌月には誰も興味を持たないケースも少なくありません。トレンド情報をキャッチしたら、即座に動画として発信できる体制を整えておきましょう。

　このような方法で成功しているトレンド動画を分析し、「この企画なら私のチャンネルでも実現できそうだな」「自分でもできそうだな」と感じる要素をアレンジして取り入れましょう。

自分自身のキャラクターを伝えていく

　YouTubeをビジネスで活用する際、「役立つ情報を発信してマーケ

ティングにつなげる」ことが注目されがちです。しかし、役立つ情報を発信するだけでは他の発信者との差別化が難しく、「役に立つか、立たないか」という2つの軸でしか評価されなくなります。

そこで重要になるのが、「人柄」や「価値観」「世界観」を伝えることです。ただ役に立つ情報を提供するだけでなく、「この人の話をなんとなく聞きたい」「この人の発信いいな」と思わせることができれば、どんなコンテンツでも視聴されやすくなり、最終的には「この人から商品を買いたい」と思ってもらえる可能性が高まります。

人柄だけでなく、「世界観」を表現することも視聴者とのつながりを深めるために重要です。世界観とは、あなた自身の「世界の見方」を指します。「私は世界をこんなふうに見ています」という自分自身の視点を伝えることで、視聴者に共感されやすくなります。

たとえば、「ビジネス」という言葉一つを取っても、ある人は「ビジネスは単なる金儲けだ」と考えるかもしれません。一方で、「ビジネスは幸せな人を増やす活動だ」と捉える人もいます。こうした言葉の定義や独自の考え方を発信することで、視聴者があなたの価値観に共感し、強い心のつながりを感じられるようになります。

■ 人柄・世界観を発信する意義

YouTube上では、毎日のように役立つコンテンツやノウハウが増え続けています。その中で他の発信者との差別化を図るには、人として好きになってもらうこと、つまり「あなたらしさ」を表現することが重要です。

役立つ情報を提供すると同時に、自分の価値観や世界観を発信し、「この人の考え方に共感できる」「この人の動画をもっと見たい」と思わせることが、長期的な信頼関係につながります。

ただし、これらを発信するタイミングには気をつけましょう。最初から自分の価値観を押し出しても、視聴者に響きづらいです。導入期で視聴者に役立つ情報を提供して信頼を築いたうえで、成長期に入っ

てから徐々に価値観や世界観を発信し、視聴者に「好きになってもらう」流れを意識しましょう。

新しい挑戦を行う

　成長期には、定番の動画に加え、新しい企画やテーマを取り入れましょう。

　たとえば、これまで座って話すだけのノウハウ発信を行っていた場合、ロケを交えたドキュメンタリー形式の動画だったり、挑戦系の企画を取り入れたり、他のYouTube発信者とコラボレーションしたりするなどして新しいテーマや形式へ挑戦していきましょう。

　同じ形式が続くと視聴者は飽きてしまいます。新しい挑戦でチャンネルに変化をもたらし、視聴者を惹きつけ続けましょう。

　新しい企画を考える際は、他のチャンネルを積極的に参考にしましょう。

　たとえば、エンタメ系のチャンネルからヒントを得て、「この要素を自分のビジネス系YouTubeチャンネルに活かせないか？」と考えるのも一つの方法です。また、同業ジャンルのチャンネルを観察し、まだ試していない形式やアイデアを取り入れてみるのも効果的です。

　変化させることはリスクが伴いますが、視聴者の反応を分析しながら改善を続けることで、さらなる成長につながります。この「新しい企画」に多くの方がチャレンジすることができず、ずっと一辺倒で同じような企画を発信し続ける発信者が多くいますが、常に変化をつけて新しい企画を差し込まなければ、チャンネルを成長させることはできません。新しい試みを積極的に取り入れましょう。

「最新動画のパフォーマンス」をチェック

　成長期には、動画を投稿するたびにYouTubeアナリティクスの「最新動画のパフォーマンス」を確認し、成果を分析しましょう。「最新動画のパフォーマンス」は、直近10本の動画を対象に、各動画が同じ経過時間でどれだけ再生されたかを比較し、順位を表示する機能です。

　1位から5位に入った動画は、その施策が成功していると考えられます。逆に、6位以下に位置する動画は改善が必要と判断しましょう。YouTube運用においては、チャンネルを右肩上がりに成長させることが重要です。投稿した動画が6位以下ばかりの場合、チャンネルの成長が停滞している可能性があります。

■ 動画の種類による例外

　ただし、動画の目的によっては必ずしも再生数が重要ではない場合もあります。たとえば、商品の購入につなげるための教育動画であれば、再生数よりも内容の理解度や教育効果が重視されるため、順位が低くても問題ありません。このような場合は、動画の目的に応じて適

切に評価し、改善しましょう。

「最新動画のパフォーマンス」については、より詳しい内容をCHAPTER 7で解説します。

販促のためのリスト獲得

　本書を読んでいるあなたは、自分の商品を持ち、YouTubeを活用してそれを販売につなげたいと考えている方だと思います。

　商品の販売を成功させるには、視聴者と一対一でつながる仕組みが必要です。そのため、成長期では顧客と直接ダイレクトにコミュニケーションを取れるLINEやメルマガへの登録を促すことを目指します。これを「リストを獲得する」といいます。

　リストを獲得できれば、登録者に対して商品の案内や新しい動画を確実に届けられるようになります。このリストの有無が、ビジネスの成功を大きく左右するといっても過言ではありません。

■ リスト獲得のポイント

1．特典を明確に提示する

「LINEやメルマガに登録してください」と呼びかけるだけでは、多くの人は行動を起こしません。視聴者にとって魅力的な特典を提示することで、登録への動機付けを強化しましょう。

　特典はチャンネルの視聴者が喜ぶものです。たとえばダイエット系チャンネルなら、以下のようなものが考えられます。

- 「低糖質の食材100選」をまとめた資料
- トレーニング方法をまとめた動画教材

　視聴者に「この特典がほしい！」と思ってもらえる内容にすることがポイントです。

128

2．メリット・ベネフィットを伝える

　特典のメリットやベネフィットを動画の中で伝えるのも重要です。「なぜあなたは個別に相談しなければいけない理由があるのか」「LINEを登録することでどんなメリットが得られるのか」といった内容を伝えることで、LINEを登録する理由を納得させます。

3．動画で満足させて、次の指導につなげる

　まず動画で情報に満足してもらうことは、絶対です。そのうえでさらに、「具体的な指導を行ってもらえれば自分の理想の姿に近づける」と感じさせることが重要です。

　動画を通じて視聴者に「こうやればいいんだ！」「なるほど！　わかったぞ！」と感じてもらい、そこからさらに問いを投げかけることが重要です。

　たとえばダイエット系のチャンネルなら、動画内でトレーニング方法を詳しく解説した後に、「この方法で自分でできそうですか？」「正しいフォームで進めていけそうですか？」「進めていくうえで失敗してしまう方が多いので、私にはどういうトレーニングがいいのかなど、自分に合ったアドバイスがほしい方は、LINE登録から1対1の個別相談をお申し込みください」と呼びかけます。これにより、視聴者は動画だけでは解決できない疑問を解決したいと感じ、LINE登録や個別相談の申し込みを行うようになります。

　このように、成長期ではリストの獲得に力を入れましょう。リストを活用して自社商品やサービスへの誘導を成功させる仕組みを整えることで、YouTube運用の効果を最大化できます。

CHAPTER-5　YouTube運用の目標設定

SECTION
04

成熟期（バズった企画が出てきたタイミング）

成熟期は、チャンネルの認知度が高まった段階です。視聴者の期待に応えるだけでなく、新たな価値を提供してさらなる成長を目指しましょう。

視聴者のニーズに応えながらも新たな価値を提供する段階

　成熟期は、チャンネルが一定の成長を遂げ、視聴者からの認知度が高まっている段階です。目安としては、YouTubeチャンネルに動画が100本以上投稿されている時期を指します。この時期になると、チャンネルの方向性が定まり、視聴者から「このチャンネルにはこんな内容を期待している」という明確な期待が寄せられるようになります。まずは、その期待に応え続けることが重要です。

　しかし、同じテーマや形式を繰り返しているだけでは、チャンネルがマンネリ化してしまいます。そのため、視聴者のニーズに応えつつも、新しい取り組みや挑戦を続けることが大切です。

　視聴者の期待を裏切らない一方で、「このチャンネルは常に変化して、新しいことに挑戦している」と感じさせることが大事です。

トレンドを作り出す

　武道の言葉で「守破離」という言葉があります。「守」で基本を守り、「破」でそれを応用し、「離」で独自のスタイルやトレンドを生み出すという意味です。成熟期は、まさにこの「離」の段階にあたります。視聴者とのコミュニケーションが確立され、動画クオリティも向上しているこの時期には、自分自身がトレンドを作る側へとシフトしていきます。

この段階で重要なのは、チャンネルを伸ばすことだけではなく、長期的に存続させることも同時に考えることです。これまでの定番企画だけに頼り続けていると、チャンネルの成長が停滞し、登録者が増え安定しているように見える時期でも、成長が鈍化するリスクがあります。

導入期や成長期では「どうやってチャンネルを伸ばすか」に焦点を当ててきましたが、成熟期では「どうやってチャンネルを維持し、存続させ新規の人に見つけてもらうか」に軸足を移しましょう。

大物YouTuberから学んだ成功するマインドセット

僕がかつて所属していた日本最大のYouTuber事務所「UUUM」には、登録者100万人を超える大物YouTuberが数多く在籍していました。彼らは成熟したチャンネル運営の中で、独自のトレンドを生み出す力に優れており、その成功の秘訣には多くの学びがありました。

彼らの最大の強みは、ただ動画を投稿し続けるだけではなく、膨大な量の情報をインプットし、それをトレンドに合わせて即座にコンテンツ化する能力です。また、過去のトレンドをうまく組み合わせて、新しいオリジナル動画を生み出す柔軟性も持ち合わせていました。

UUUM所属の多くのYouTuberはエンタメ系ですが、その「人々の心を動かす力」は、ビジネス系チャンネルにも応用できる要素です。彼らはYouTubeの動画発信に取り組むだけでなく、ファンとリアルに交流するイベントを開催したり、オリジナルのグッズを販売するなどして、ファンを第一に考え、熱心なファン層を築き上げてきました。

特に成熟期においては、「現状維持」は「停滞」と同義です。競争が激化したYouTubeの世界で選ばれ続けるチャンネルになるためには、既存のコンテンツに満足せず、常に新しい挑戦を続けなければいけません。UUUMのトップYouTuberたちが実践していた「新しい価値を生み出し続ける」姿勢を見習い、チャンネル運営に活かしていきましょう。

COLUMN
コメント欄での視聴者とのコミニケーションの取り方

　動画のコメント欄で視聴者と交流することは、エンゲージメントを向上させる重要な手段です。ただ返信をするだけではなく、自分のビジョンや理念を伝える場として活用する意識を持つと、チャンネルのコミュニティ形成や影響力の拡大につながります。

　なぜ発信をしているのか、何を実現したいのか、そしてどんな価値を世の中に広げていきたいかを伝えることです。

　情報発信の本質は、単なる商品やサービスの宣伝ではなく、自分の価値観や世界観に共感する人々と深い繋がりを築くことにあります。コメント欄はそのための場として捉えましょう。

　視聴者が自分の意見や感想に対して心のこもった返信を受け取ると、単なるコンテンツ消費者から、チャンネルを支える仲間やサポーターへと変わります。このような深い繋がりを意識することで、視聴者との関係がより強固なものになり、結果的にチャンネルの成長にもつながっていきます。

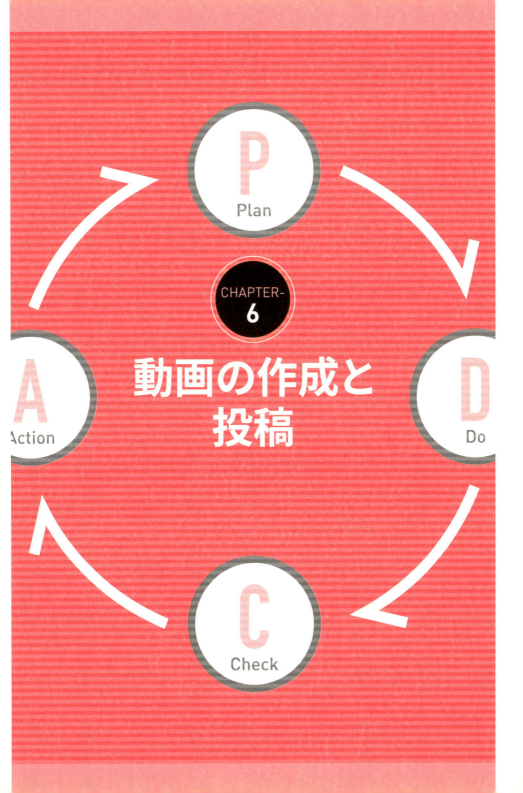

CHAPTER-6 動画の作成と投稿

ロング動画の作成

SECTION 01

ロング動画の作成の方法や気をつけることを解説します。視聴者の目を引きつけ、最後まで視聴したくなる動画を作成しましょう。

動画制作のステップ① 企画立案

　YouTubeの動画制作は、まず「企画立案」からはじまります。企画とは、動画の内容やテーマ、いわゆる「動画のネタ」を決める作業です。企画が曖昧なままだと撮影の方向性が定まらず、よい動画を作ることはできません。

　企画を立てる際は、「視聴者が求めている内容」を最優先に考えましょう。自分が発信したい内容だけに固執するのではなく、視聴者が興味を持ち、必要としているテーマを選ぶことが重要です。

　特に導入期では、視聴者の検索行動を基にしたキーワードを活用し、その「検索意図」を深く理解した企画を立てることが鍵となります。

■ 視聴者の検索意図を踏まえた企画の重要性

　たとえば、「ダイエット 3ヶ月 10kg」というキーワードで検索する視聴者は、「3ヶ月で10kg痩せたい」という目標を持っている可能性が高いでしょう。YouTubeでは、視聴者の検索意図を解決する動画が優先的におすすめされます。そのため、検索意図を深く理解し、視聴者の目標達成に役立つ情報を提供する企画を立てる必要があります。

　この際、CHAPTER3でお伝えした「痛みと快の原則」を思い出してください。視聴者が悩んでいる現状（Aの状態）と、悩みが解決された理想の状態（Bの状態）を正確に把握し、「AからBへの橋渡し」となる企画を考えることが大切です。

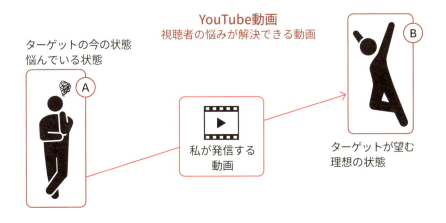

動画制作のステップ② 台本作成

　台本作成は、企画で決めた内容をもとに、視聴者を「痛み」と「快」のAの状態（現在の悩みを抱えている状態）から、Bの状態（ターゲットの理想の状態）に導く手順を具体的に分解する作業です。この作業が台本作成の本質となります。

■ 台本の目的と動画の長さ

　「YouTube動画の理想的な長さはどれくらいか？」とよく訊かれますが、動画の長さ自体は本質的な問題ではありません。重要なのは、**視聴者をBの状態に到達させられるかどうか**です。価値ある内容であれば30分や1時間の動画でも問題ありません。一方で、短い動画でも視聴者の期待に応えられなければ意味がありません。

　台本作成では、「どのように視聴者の悩みを解決し、満足感を提供するか」から考えていきましょう。

■ 台本作成の基本手順

1．動画の全体像を設計する

　● 動画のターゲットは誰か？

135

- ターゲットの悩みは何か？（すべて書き出す）
- サムネイルの文言は？
- 動画のタイトルは？
- 視聴者が望む動画の目的（ゴール）は何か？

　これらを整理して、全体の方向性を明確にしてから台本作成に入ります。スプレッドシートやメモアプリを使って整理すると効率的です。

2.「本題」部分から作成する

　台本は「オープニング・本題・エンディング」の3つの構成に分けられますが、最初に本題部分から作成します。本題で話すべき内容を洗い出し、それを章立て（プロット）で整理します。大見出し・中見出し・小見出しのように階層化し、話の流れを構築します。

YouTube動画台本は基本3部構成

3．情報の整理

　ここまでできたら以下の点を確認しましょう。

- 情報が重複していないか
- 情報を伝える流れが不自然ではないか
- 伝えるべき情報に漏れがないか

- 相手の知っている情報のレベルに合わせて話せているか

4．執筆する

　台本のプロット（ストーリーの要約）を作成することで、上記の情報の整理と確認が容易になります。必ずプロットを作成してから、執筆を行いましょう。最近ではプロットの作成、執筆をAIで行っている方も多く、僕自身もコンサル生にAIを活用した台本の作成を教えています。最新のテクノロジーを使って効率化できれば、作業時間を4分の1ほどまで短縮することも可能です。その内容も読者特典に入れておりますので14ページをご覧ください。

■ オープニング構成：PASTORフォーミュラ

　オープニングは特に重要で、最初の数秒で視聴者の興味を引き、続きを見たいと思わせる必要があります。「PASTORフォーミュラ」という手法を用いることで、視聴者が最後まで動画を視聴したくなるオープニングの台本を作成できます。

1．Problem（問題提起）

- 視聴者の悩みを共感し、言語化する。
  例：「SNSを使ってビジネスを成長させたいと思っているけれど、何を発信すればいいのかわからない…」
- 悩みの言語化（具体例を交えて、視聴者が感じている悩みをより明確に示す）
  例：「一生懸命に投稿しても、反応が少なく、フォロワーが増えない。どこに原因があるのかもわからず、どこを変えたらいいかもわからない状態ではないでしょうか？」
- 実体験の提示（過去の自分も視聴者と同じ問題に直面していたことを提示）
  例：「実は私も最初は全く同じ状態で、SNSを使っていたもの

の、効果が出ずに悩んでいました」

2．Amplify（問題の拡大）

- 問題の重大さを提示し、放置することのリスクを説明する。

  例：「このまま間違った発信を続けていると、時間と労力を無駄にしてしまうだけでなく、競合にどんどん遅れを取ることになり、ビジネスの成長どころか、現状維持さえも難しくなってしまいます」

3．Solution（解決策）

- 視聴者がとるべき具体的な行動や解決策を提示する。

  例：「そこで、今回の動画では、SNSを効果的に活用し、発信力を強化してターゲット顧客に確実にリーチするための具体的なステップをお伝えします。これを実践することで、あなたのビジネスを飛躍的に成長させることが可能になります」

4．Transformation with Testimony（変革と証明）

- 解決策を取り入れることで得られる変化と、それを裏付ける実績や証拠を提示する。

  例：「このステップを取り入れた結果、私自身もフォロワー数が劇的に増え、問い合わせ件数も倍増しました。たとえば、これまでSNSの発信に悩んでいたクライアントの小林さんは、この方法を取り入れることで、わずか1ヶ月で新規顧客を10名以上獲得できました」

5．Offer Response（提案と応答）

- LINE登録やチャンネル登録、概要欄のリンクなどに視聴者を誘導するメッセージを簡潔に行い、本題に集中させる。

> 例：「この方法をもっと詳しく知りたい方は、概要欄のリンクからLINEに登録して、無料ガイドを手に入れてください。また、SNS活用の最新情報を逃さずキャッチしたい方は、今のうちにチャンネル登録をお願いします」

　この冒頭で特に重要なのは、次のような流れで視聴者の関心を引き付けることです。
「こんなことで困っていませんか？　実は、私も同じように悩んでいました。でも、その問題を解決する"魔法の力"を手に入れたんです。その方法、気になりませんか？　この魔法の力で、私だけでなく、AさんやBさんもみんな問題を解決できました。その方法を知りたくありませんか？　それでは、今からその"魔法の力"の正体をお伝えしていきます！」
　このように、魔法の力への期待感を高め、視聴者をワクワクさせる構成を冒頭に取り入れることが重要です。

　僕のこの動画も、この「PASTORフォーミュラ」を基にオープニングの構成を行っていますので、ぜひ参考にしてみてください。

■ エンディング構成

　最後にエンディングの台本を作成します。エンディングの流れも型があります。

1．エモいメッセージ

自分のストーリー・想いを伝えます。

> 例：「最後までご視聴いただき、本当にありがとうございます。私
> 　　自身、SNSでの発信を通じて大きな変化を体験しました。以前
> 　　はどんな投稿をしても反応が得られず、どうやったら自分の価
> 　　値を伝えられるのか悩んでいました」
> 　　「でも、正しい方法を学び実践することで、少しずつフォロワー
> 　　が増え、気づけば新規顧客からの問い合わせが続くようになっ
> 　　たんです。そして今では、同じ悩みを持つ皆さんにその経験を
> 　　伝え、力になれることがとても嬉しいです」

2．内容の復習

動画内で伝えたポイントを要約します。

> 例：「今日の動画では、SNS発信において効果的な方法と、そのた
> 　　めの具体的なステップをお伝えしました。最初にお話ししたの
> 　　は、SNSを活用するうえで直面しやすい問題と、その問題を放
> 　　置してしまうリスクについてでしたよね」
> 　　「その後、問題の解決策として、どんな発信をするべきか、どの
> 　　ように変革をもたらせるかを、私の実体験やクライアントの成
> 　　功例を交えてお話ししました」
> 　　「この内容をしっかりと理解し、取り入れていただければ、あな
> 　　たのビジネスも確実に変わっていくはずです」

3．行動促進（LINE誘導 or チャンネル登録誘導）

LINE登録やチャンネル登録を促します。

> 例：「今回の内容で自分でやって失敗できずに進めそうですか？
> 自分の場合の適した発信方法は考えられそうですか？　もし、
> 具体的なアドバイスを受けたいと思った方は、ぜひLINEに登録
> してください。個別のご相談も受け付けていますので、ぜひ申
> し込んでください。概要欄にリンクを貼ってありますので、今
> すぐチェックしてみてください」
> 「また、今後もこのチャンネルでは、SNS活用やマーケティング
> に役立つ情報を配信していきますので、チャンネル登録をしてい
> ただければ、新しい動画を見逃すことなくチェックできますよ」

4．評価誘導・エンディング挨拶

満足度を下げないため、早く簡潔に伝えましょう。

> 例：「この動画が少しでも役に立った、参考になったと感じていた
> だけたなら、ぜひ高評価ボタンを押して応援していただけると
> 嬉しいです！　また、コメント欄で感想やご質問をお寄せいた
> だければ、今後の動画作りの参考にさせていただきます」
> 「それでは、また次の動画でお会いしましょう！　ご視聴いただ
> き、ありがとうございました！」

■ 台本作成の注意点

台本はあくまでサポートツールであり、完全に型にはめる必要はあ
りません。視聴者に響く動画を作るには、型をベースにしつつ、自分
の個性や話し方を活かすことが大切です。撮影に慣れてきたら台本を
簡易化するなど、柔軟に調整してください。

動画制作のステップ③ 撮影

　撮影は、作成した台本を基に実際の映像を収録する工程です。このステップで**最も重要なのは「音声」です。**どれだけ内容が優れていても、音声が不明瞭だと視聴者は離脱してしまいます。

■ 音声の確保

　撮影環境の騒音を可能な限り抑え、クリアな音声を録音しましょう。周囲の音が気になる場合は、ピンマイクの使用をおすすめします。
　特に「Hollyland-Lark M1」のようなスマートフォン対応のピンマイクは、かんたんに高品質な音声を収録できて便利です。

Hollyland-Lark M1

■ 画質と画角

　映像の画質に関しては、最近のスマートフォンであれば問題ありません。三脚やスマホホルダーを活用し、スマートフォンを安定させて撮影してください。言語以外の情報（ノンバーバル情報）を伝えるため、背景にもこだわりましょう。背景がただの白い壁だと視聴者の印象に残らないため、背景を整えることをおすすめします。

142

また、服装や髪型も重要です。職業やテーマに合った印象を与える服装を選びましょう（例：医師なら白衣、営業職ならスーツなど）。

撮影に奥行き感を出して背景のデザインにこだわる

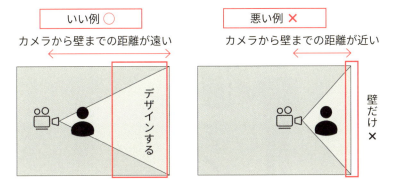

背景の情報量も視聴者の印象に入る

■ 撮影の基本設定

立ち位置に関しては、画面の右側に立ち、左側のスペースを画像やテロップ用に空けるとバランスがよくなります。

撮影時の距離は、被写体がカメラに近すぎると、編集時に調整が難しいため、適切な距離を保つようにしましょう。引きの映像は編集で

調整できますが、元からアップで撮影すると編集の幅が狭まります。
　また、目線の高さにカメラの位置を合わせることで、視聴者に自然な印象を与えます。見上げる角度や見下ろす角度は視聴者に違和感を与えるので避けましょう。

カメラの高さ

■ 照明と光の使い方

　撮影時に「逆光」にならないよう注意が必要です。逆光とは、被写体の背後から光が差し込み、顔などが暗く映る状態のことです。この状態で撮影された動画は、顔などが見えづらくなり、映像のクオリティが大きく下がってしまいます。
　光の調整の方法はかんたんで、カメラの背後に自然光や照明を配置し、「順光」の状態で撮影を行えば、被写体が綺麗に明るく映るようになります。

逆光・順光の原理を意識する

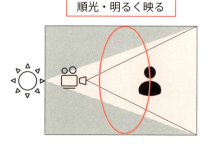
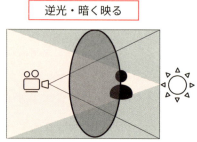

これらのポイントを守ることで、視覚的にも聴覚的にも完成度の高い動画が作れるはずです。準備した台本や企画を最大限に活かし、視聴者にとって魅力的な動画を作り上げましょう。

動画制作のステップ④ 編集

　視聴者が不快に感じる要素は編集段階で全て取り除きましょう。たとえば、テンポの悪さや間延びしたシーンがあると、それだけで視聴者の離脱に繋がってしまいます。

■ 基本的な編集のポイント

　具体的に以下のような編集が必要になります。

・カット編集（ジェットカット）
「ジェットカット」とは、話していない部分や言い間違え、無駄な間を削除する編集手法です。テンポのよい動画にすることで視聴者の離脱を防ぎ、スムーズで見やすい動画に仕上げます。

・音声の最適化
　ノイズ除去や音質調整を行い、クリアな音声を確保しましょう。撮影時にピンマイクを使用しておけば、高品質な音声を録音できます。

・BGMと効果音
　視聴者の感情を動かすBGMを活用し、動画の雰囲気を演出します。ただし、BGMの音量が大きすぎると会話が聞き取りにくくなるため注意が必要です。必要最小限の使用にとどめ、視聴者の集中力を妨げないようにしましょう。

145

・テロップの使用

　全ての発言にテロップを入れる必要はありません。更新頻度や作業時間を考慮し、重要なキーワードや視聴者が理解しやすい部分にテロップを入れるようにします。

　テロップのデザインは、背景や動画のテーマに合わせたシンプルなものにしましょう。視認性の高い太字のゴシック体がおすすめです。線が細いチープなフォントは避け、チャンネル全体の印象が損なわれないよう配慮してください。

■ 編集ソフトの選び方

　動画編集には専用のソフトを使用します。以下におすすめのソフトを紹介します。

● パソコン編集
- Premiere Pro（Adobe）：月々4,000円程度で利用可能。僕自身も使用している定番ソフトです。
- Final Cut Pro（Apple）：買い切りタイプ。Mac専用で、買い切

りで使用したい人におすすめです。

- ● Filmora：初心者に人気の高コスパな編集ソフト。

● スマホ編集

- ● VLLO：スマホでパソコン並みの編集機能を実現。手軽に高品質な編集が可能です。

■ 外注の検討

　編集作業が苦手、または時間がない場合は、外注を検討してみましょう。プロに任せることで、高品質な動画を効率的に作成できます。ただし、外注にはコストがかかるため、予算と相談しながら進めてください。

　動画編集はあくまで補助的な作業であり、最も重要なのは「動画の内容」です。編集に時間をかけすぎると、動画投稿の継続が難しくなり、YouTube運営そのものが負担になることもあります。自分が長く続けられる範囲で、適切な編集を行うように心がけてください。

動画制作のステップ⑤ サムネイル

　YouTubeチャンネルを成長させるうえで、サムネイルは動画編集以上に重要な要素といえます。サムネイルは視聴者が動画にはじめて接触するポイントであり、その第一印象が動画のクリック率を大きく左右します。どれだけ内容が充実していても、サムネイルが魅力的でなければ視聴者は動画をクリックしません。

　サムネイルは飲食店でいう「外観」のようなものです。外観が魅力的でなければ、どれだけ料理が美味しくてもお客さんは入店しません。YouTubeも同様で、サムネイルが興味を引かなければ動画をクリックしてもらえないのです。

■ サムネイル作成に一番時間をかけよう

　サムネイルの作成には最も時間をかけるべきです。動画の企画や台本を作る時点で、サムネイルの文言やデザインをある程度考えておくのがおすすめです。サムネイルの構成イメージを事前に決めておかないと、後から動画内容に合わせて調整することになり、最も「引きのある」デザインにできなくなることがあります。

　再生数が伸び悩む理由のひとつに、サムネイルの魅力不足が挙げられます。再生数は「インプレッション数（サムネイルの表示回数）」×「クリック率」で決まります。サムネイルが魅力的であれば、クリック率を高め、再生数の増加に繋がります。更にクリック率が高まるとYouTubeがおすすめしてくれるのでインプレッションも高まります。**サムネイルに徹底的にこだわりましょう。**

再生数を分解してみると……

■ 効果的なサムネイル作成のポイント

　サムネイルデザインを考える際にも、競合リサーチが大切になってきます。競合のチャンネルで伸びている動画のサムネイルを分析し、どのようなデザインがクリックされやすいかを学びます。
　サムネイルで失敗しないためのポイントをいくつかご紹介します。

・太めのフォントを使用する

　おすすめは「ヒラギノ角ゴシック StdN」などの視認性が高いゴシック体です。オーソドックスなフォントを使わないと YouTube 側がサムネイルの文字を認識しづらく、表示回数が減ってしまうことがあるからです。変形しすぎた文字や複雑なフォントは避け、読みやすいフォントを選びましょう。

・文字数は15文字以下に抑える

　サムネイルの文字数は少ないほうが視認性が高くなります。特にスマートフォン視聴時に視認性が低下します。少ない文字数で、内容が一目で伝わるようにしましょう。文字数は少なければ少ないほどいいです。

・写真の選定にこだわる

　文字以上に写真が重要です。視聴者が「おっ」と思うようなインパクトのある写真を選びましょう。適当な写真ではクリック率を高めることはできません。

・ターゲット層に合わせたデザインにする

　僕がよく例えに出すのは雑誌の表紙です。雑誌の表紙もターゲットによってデザインが全く異なりますよね。たとえば、「少年ジャンプ」の表紙は、赤文字や黄色の太いフォントを使い、インパクトのあるデザインをしています。一方、大人の女性向けの雑誌は大人っぽいシックなイメージで、細いフォントを使い落ち着いたデザインになっていることが多いです。サムネイルでも、視聴者層に合ったデザインを選びましょう。

・サムネイルにキーワードを含める

　実はサムネイルに含まれる文字も YouTube の検索キーワードとして

149

認識され、アルゴリズムに反映されます。サムネイルには、視聴者が検索しそうなキーワードを含めるようにしましょう。

これは視聴者目線でも大事で、たとえ動画タイトルにそのキーワードが含まれていたとしても、サムネイルにキーワードが含まれていなければ、動画をクリックする可能性は下がります。視聴者はサムネイルを見て「この動画は自分が探している内容と一致するのか」と瞬時に判断しているため、タイトルよりもサムネイルが自分の求めている情報と一致しているかどうかが、クリック率に大きく影響を与えるからです。

サムネイルには視聴者が検索しそうなキーワードを目立つように配置しましょう。たとえば、「初心者向け」「3分でできる」「○○の方法」といった具体的なフレーズを入れて視聴者が動画を見て得られるメリットを明確に示すことが大切です。

サムネイルは動画の「入り口」です。魅力的なサムネイルを作成することで、視聴者を動画に誘導し、再生数やチャンネルの成長につなげることができます。「サムネイルを制する者がYouTubeを制する」と言っても過言ではありません。ぜひサムネイル作成に一番力を入れて、**魅力的な入り口を作ってください。**

動画制作のステップ⑥ 動画のアップロード

最後のステップは「動画のアップロード」です。この段階では、動画とサムネイルが完成している状態です。ここからは、概要欄やタグ、タイトルの設定といった細かい仕上げに入ります。

■ 概要欄とタグの設定

概要欄やタグは、基本的にデフォルト設定のままで問題ありません。

ただし、概要欄の最初の1～2行は動画内容を簡潔に記載しておきましょう。この部分はSEO（検索エンジン最適化）の観点でも重要で、ここに書かれたキーワードが検索エンジンに拾われやすくなります。ネタバレにならない範囲で、視聴者の興味を引きつつ、内容を端的に伝える文章にしておきます。

■ タイトル設定のポイント

　動画アップロード時に最も重要な要素は「タイトル」です。タイトルは視聴者が動画をクリックするかどうかを左右する最大の要因です。以下の3つのポイントを意識してタイトルを作成しましょう。

1．キーワードを意識する

　SEOを意識して、視聴者が検索しそうなキーワードをタイトルに含めます。特に、検索されやすいキーワードをタイトルの冒頭に配置すると効果的です。たとえば、ダイエット関連の動画なら、「ダイエット朝ごはん」のように具体的なフレーズを先頭に持ってきましょう。

2．視聴者の疑問やニーズに答える

　タイトルを見ただけで「この動画を見れば自分の悩みが解決する」と感じてもらえることが大切です。キーワードを使用するだけでなく、視聴者のニーズや疑問に具体的に応える文章を作成することで、クリック率を高められます。

3．タイトルは35文字以内に収める

　長すぎるタイトルは読みにくく、スマートフォンでの視認性も低下します。要点を絞り込み、タイトルの前半15文字に最も重要な情報を入れるよう意識しましょう。

■ 魅力的なタイトル作成のテクニック

　タイトル設定の基本的なポイントを押さえたうえで、以下のテクニックを活用するとさらに魅力的なタイトルを作ることができます。

1．数字を入れる

　数字を使うことで具体性を持たせ、視聴者の関心を引きます。書籍などでも「成功する人の7つの習慣」のように、タイトルに数字を入れているものが多いですよね。動画も同じで、たとえば、「YouTubeを伸ばす方法」よりも「YouTubeを伸ばす3つの方法」のほうが視聴者の関心を引くことができます。

2．人が反応しやすい言葉を使う

「かんたん」「お金」「成果」「健康」「発見」「新しい」「保証する」「実証された」など、人間が心理的に反応しやすいワードを活用すると、視聴者の関心を引きやすくなります。

3．簡便性を伝える

　タイトルで「かんたんにできる」ことをアピールすることで、視聴者に「これなら自分でもできそう」と思わせる効果があります。

　たとえば、「毎日3時間の学習を1年間続けて成績を上げる方法」よりも「1日たった30分で成績を上げるかんたんな勉強法」というタイトルのほうが魅力的に感じられるはずです。

4．記号を使って読みやすくする

「【】」「｜（縦棒）」「！」「？」といった全角記号を適度に使うことで、タイトルが読みやすくなります。ただし、半角の「!」や「?」「[]」などは逆に読みづらくなってしまうことがあるので注意です。半角ではなく全角の記号を使用しましょう。

5．半角数字を使う

　全角数字は検索エンジンで認識されにくく、文章全体のバランスも悪くなってしまうため、タイトル内では必ず半角数字を使用してください。

6．スペース、句読点、絵文字は使用しない

　タイトル内でスペースや句読点、絵文字を使うと視認性が低下します。これらの要素は使用しないようにしましょう。

CHAPTER-6 動画の作成と投稿

ロング動画のアルゴリズムの理解とSEO

SECTION 02

ロング動画のアルゴリズムを理解し、SEOを活用することで、視聴者の獲得と動画の成長を効率的に進めることができます。

評価軸① 視聴者の行動

　ロング動画とショート動画ではアルゴリズムの評価基準が若干異なりますが、ここではロング動画における重要な要素を3つに分けて解説します。まず、最も重視されるのが「視聴者の行動データ」です。
　具体的には、以下の指標が評価対象となります。

再生回数

　再生回数の多い動画は、多くの視聴者の目に触れ、「この動画を見たい！」と思ってクリックしてもらったことを意味します。

視聴時間

　視聴時間が長い動画は、視聴者が内容に引き込まれ最後まで視聴したことを意味します。

高評価・コメント・チャンネル登録

　視聴後のポジティブな反応が、視聴者満足度の高さを示します。

SNSでの共有

　多く共有された動画は、たくさん注目され、話題性が高いと判断されます。

評価軸② 動画の内容

　アルゴリズムは、動画の内容が視聴者の興味やニーズに合致しているかを評価します。

視聴履歴や検索キーワードとの関連性

　視聴者が過去に視聴した内容や検索したキーワードに基づいて動画を表示します。たとえば、料理動画をよく視聴する視聴者には、新しい料理動画や人気の料理チャンネルがおすすめ表示され、「ギター 初心者 レッスン」と検索した視聴者には、初心者向けのギターレッスン動画が表示される可能性が高くなります。

新規性やクオリティ

　動画の新規性（新しい情報か）や質も評価しています。新しく公開されたばかりの動画や、画質・音声・編集などのクオリティが高い動画は、より多くの視聴者に視聴される可能性があると判断されるからです。

キーワード

　動画のタイトル、説明文、タグなどに適切なキーワードが含まれているかも、重要な要素となります。これらのキーワードは、視聴者が動画を検索する際に役立つだけでなく、アルゴリズムが動画の内容を理解するうえでも重要な役割を果します。

評価軸③ チャンネルの状況

　チャンネル全体の活動状況も評価の対象となります。

登録者数

多くの登録者がいるチャンネルは多くの人から支持されていることを示しており、登録者が多いほど信頼性が高いと判断されます。

更新頻度

定期的に更新されるチャンネルはアクティブであると判断され、優先的に評価されます。

■ 総合的に評価される

アルゴリズムはこれらすべての要素を総合的に判断し、視聴者に最適な動画をおすすめしています。YouTubeは、とにかく視聴者が「見たい！」と思っている動画をおすすめしたいと考えています。

アルゴリズムを理解したうえで、視聴者がどんな動画を求めて、どんな動画をクリックしたくなるか、どんな内容を求めているかを熱心に考え、満足度の高い動画を作りましょう。

YouTube SEO

ここまで何回も登場しましたが、SEO（検索エンジン最適化）とは、動画を検索結果の上位に表示させるための施策です。

動画の再生回数が伸び悩む人は、SEOを意識した動画作りができていないことが多いです。SEOを無視して動画を投稿し続けると、どれだけ努力しても動画が検索結果やおすすめに動画を表示されず、視聴者に発見される機会は減少してしまいます。

とにかくまずはSEOが大事です。SEOを意識した動画を作って検索流入を増やし、そこから関連動画やトップページに表示されるようになるのが理想的な流れです。

■ SEOの成功事例

　僕のチャンネルの「サブチャンネルの作り方」に関する動画は、YouTube検索からの流入が89.4%と非常に多く、狙っていたキーワードである「サブチャンネル作り方」での検索結果に上位表示されています。この動画は最初の1ヶ月間では130回しか再生されなかったにもかかわらず、これから解説するSEO対策を徹底した結果、48,000回以上の再生数まで成長しました。検索に最適化されたコンテンツは、時間をかけて大幅に再生数を伸ばすことができるのです。

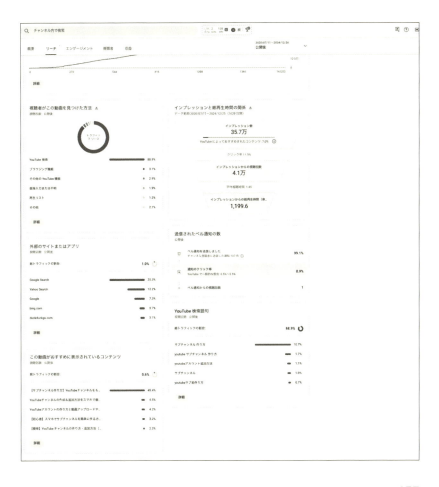

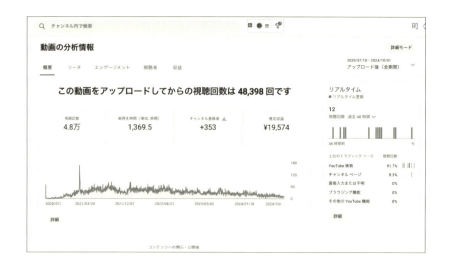

■ SEOの基本的なポイント

YouTube SEO で知っておくべきポイントは次のようになります。

1．キーワードリサーチ

　視聴者が実際に検索しているキーワードを特定し、タイトルや説明文に含めます。ラッコキーワードやGoogleの予測変換機能を活用して、視聴者がどのようなフレーズを使って検索しているかを把握しましょう。

　小規模なチャンネルの場合、ロングテールキーワードを狙うことが効果的です。ロングテールキーワードとは複数の単語を組み合わせたもので、検索ボリュームは少ないものの、競争も少ないので上位に表示されやすいキーワードのことです。

2．タイトル設定

　SEOにおいて大きな影響を持つキーワードを先頭15文字以内に配置し、できるだけ早い段階で視聴者に動画の内容を伝えることが推奨されます。さらに、括弧や数字、年号（最新であることを伝える）を含

めるとクリック率が上がることが証明されています。数字を使用する際には奇数を用いると、視聴者に自然で信頼感を与えやすくなります。

3．動画の内容にキーワードを含める

YouTubeの音声認識機能を活用するため、動画内で意識的にキーワードを使用して話しましょう。これにより、アルゴリズムが動画内容を正確に理解しやすくなります。

4．ハッシュタグの最適化

ハッシュタグには直接的に検索順位を上げる効果はありません。むしろ、視聴者がハッシュタグをクリックすると他の動画に移動してしまう可能性があるため、離脱率が上がるリスクがあります。ハッシュタグの使い方には注意が必要です。

5．外部サイトからの流入

たとえば、X（旧Twitter）やTikTok、FacebookなどのSNSからの流入を増やすことで、YouTubeはそのチャンネルをより高く評価します。しかし、SNSから流入する視聴者がすぐに動画を離脱してしまうと、視聴完了率が下がり、YouTubeの評価が下がることもあるため、興味のある視聴者だけを集めるようにすることが大切です。

6．タイムスタンプの活用

長い動画では概要欄にタイムスタンプの設定を行ってタイムスタンプを追加して視聴者の利便性を高めましょう。

7．動画のファイル名にもキーワードを含める

「YouTubeSEO完全版.mp4」のように、動画のファイル名にもキーワードを含めましょう。YouTubeが動画内容を認識しやすくなり、SEOに好影響を与えられます。

CHAPTER-6 動画の作成と投稿

SECTION 03

ロング動画と ショート動画の違い

日本ではYouTube Shortsが2021年7月に導入され、それ以来多くのユーザーがこの機能を活用してきました。ショート動画とロング動画の特性を理解して、戦略的に投稿しましょう。

ロング動画とショート動画の考え方の違い

YouTube Shortsが導入されてからしばらく経ちますが、ロング動画とショート動画の使い分けが十分に理解されていないケースが多く見られます。まずは「ロング動画とショート動画の違い」について確認しておきましょう。

■ ショート動画の特徴

ショート動画の最大の特徴は、再生回数が伸びやすい点です。ビジネス的な観点でいうと認知拡大に使いやすいということです。再生回数が増えやすいため、チャンネル登録者の増加にもつながりやすいというメリットもあります。また、動画自体もスマートフォンで手軽に作成できるため、参入障壁が低く、成果が数字として見えやすいのもメリットです。

一方で、ショート動画にはいくつかのデメリットもあります。まずは視聴者からの具体的なアクション（LINE登録や商品購入など）につながりにくいことが挙げられます。また、ショート動画は誰でもかんたんに作成できるため競争が激しく、短尺なため記憶に残りにくいというデメリットもあります。さらに、視聴者の集中力が低く、ビジネスとして発展させるのが難しい場合があるほか、コンテンツとしての資産性が低いとされることもデメリットです。

■ ロング動画の特徴

　ロング動画は、視聴者が長時間視聴するため記憶に残りやすく、視聴後の行動（購入や問い合わせなど）につながりやすいという特徴があります。また、ロング動画は長期間にわたり視聴されやすいため、コンテンツとしての資産性が高い点もメリットです。

ショート動画が再生回数を伸ばしやすい理由

　ショート動画は縦型の動画フォーマットで再生され、スワイプするだけで次の動画に移っていきます。かんたんな操作で次々に再生されるので、再生回数が増えやすい特徴があります。

　一方、ロング動画は視聴者がサムネイルをクリックしなければ再生されません。視聴してくれるのはショート動画よりも視聴の動機が強い人だけに限定されるので、再生数はショートほどは伸びません。しかしその分ロング動画では視聴時間が長く、視聴者の集中度や満足度も高くなる特徴があり、ファン化に繋げやすいです。

ショート動画とロング動画を組み合わせる戦略

　ショート動画とロング動画を組み合わせた戦略をおすすめします。具体的には、ショート動画でまずは認知を獲得し、そこからロング動画へ視聴者を誘導する流れです。その後、ロング動画で視聴者に価値を提供し、信頼を得て最終的に自分のリスト（LINE登録やメルマガ）に繋げるという戦略になります。

　ショート動画単体では、視聴者をLINE登録やメルマガ登録などの具体的なアクションに誘導するのが難しいため、**ショート動画でまずは興味を持たせ、ロング動画で深い関係性を築く。**この流れが理想的な形といえます。

161

CHAPTER-6　動画の作成と投稿

6 ショート動画の作成

SECTION 04

ショート動画の作成の方法や気をつけることを解説します。視聴者の目を引きつける魅力的な動画を作成しましょう。

動画制作のステップ① 企画立案

　YouTubeショート動画の効果的な企画のポイントや人気のテーマについて紹介します。

1．短くインパクトのある内容
　ショート動画は最大3分という制限があるため、最初の数秒で視聴者の注意を引くことが成功の鍵となります。特に、開始2秒以内に興味を惹きつける工夫が求められます。たとえば、目を引くビジュアルやキャッチーなフレーズを取り入れると効果的です。

2．トレンドを活用する
　トレンドや流行を動画内に取り入れることで、視聴者の関心を引きやすくなります。流行している音楽、チャレンジ、話題のテーマなどを組み込むことで、より多くの人にリーチし、視聴回数を伸ばすことが期待できます。

3．ストーリーテリングを意識する
　短い時間でも物語性を持たせることが、視聴者に強く印象を残すポイントです。共感を呼ぶシナリオやキャラクターを設定し、視聴者の感情に訴えることで、記憶に残りやすくなります。たとえば、簡潔なストーリー仕立てにして、「次はどうなるんだろう？」と視聴者に興味

を持たせる構成が効果的です。

4．教育的要素を取り入れる

　専門知識や業界情報を簡潔に伝える動画も人気のジャンルです。た
とえば、How to形式で商品やサービスの魅力が十分に伝わる動画は視
聴者に保存されたり、他人とシェアされたりすることが多く、長期的
に再生回数を伸ばす効果があります。

5．エンターテイメント性を重視する

　ユーモアや驚きの要素を取り入れることで、視聴者の興味を引き続
けることができます。特に、意外性のある展開や面白いキャラクター
を登場させると、シェアされる可能性が高まります。視聴者が「この
動画を友達にも見せたい！」と思うような内容を意識して制作しまし
ょう。

動画制作のステップ② 台本作成

　台本作成を成功させるための具体的な方法と、活用できるツールに
ついて解説します。

1．リサーチと分析

　まずは、競合の成功しているショート動画をリサーチしましょう。
特に人気のあるトピックやスタイルを把握し、視聴者に響いている要
素を分析します。

　バズっている競合の動画をピックアップし、その構成をAIツール
（例：ChatGPTやClaude）で分析するのもおすすめです。ChatGPTや
Claudeでショート動画を分析するためのプロンプト（指示）を本書特
典としてお渡ししているので、14ページにあるQRコードからぜひLINE
を登録し特典を受け取って活用してください。

163

2．I-PREP法の活用

　ショート動画では特に冒頭の2秒が視聴の鍵となります。視聴者の関心を引き、明確なメッセージを伝えるために「I-PREP法」を活用しましょう。I-PREP法では、次の5つの要素に基づいて台本を構成します。

・**興味付け（Interest）**

　　最初に視聴者の注意を引く内容を提示する。

・**要点・結論（Point）**

　　伝えたい要点や結論を簡潔に述べる。

・**理由（Reason）**

　　その要点や結論に至る理由を説明する。

・**具体例（Example）**

　　視聴者が理解しやすいように具体例を挙げる。

・**結論（Point）**

　　最後に再度要点や結論をまとめ、視聴者に印象付ける。

3．AIツールでの台本作成

　近年、ChatGPTやClaudeといったAIツールを用いてショート動画の台本を効率的に作成することが可能になっています。リサーチして競合のバズっている動画の構成分析を行い、データと作成したいテーマやターゲット層、条件を設定し、この設定した内容をもとに、AIで台本を生成してみましょう。

　たとえば、『「YouTube Shortsで登録者を集める方法」というテーマで、30代向けに丁寧な言葉遣いで60秒以内のナレーション原稿を作成してください』と指示して台本を作成することができます。

動画制作のステップ③ 撮影

ショート動画撮影時には、次のポイントに注意して進めましょう。

■ ポイント①カメラの固定

映像が揺れると視聴者に不快感を与えるため、安定した撮影環境を整えることが重要です。スマホ用三脚は手軽に購入でき、コストをかけずに動画の安定性を高めます。自撮りや長時間の撮影でも疲れを軽減しつつ、クリアな映像を保てます。

■ ポイント②明るさの調整

ショート動画でも、「明るさ」は大事です。自然光が使えない場合や、部屋が暗い場合は、LEDライトやリングライトを使用して均一な明るさを確保しましょう。

■ ポイント③余白を意識した構図

ショート動画は縦型（9:16）のフォーマットが主流です。インターフェースによっては、画面の上下にメニューやユーザー名が表示されるため、意図した情報が隠れてしまうことがあります。撮影時の構図を工夫し、必要な情報やメッセージが隠れないように注意しましょう。

・画面の上下左右に余白を持たせる

被写体やテキストを中央に配置し、上下左右に適度な余白を残すことで、重要な情報やメッセージが視聴者に伝わりやすくなります。

・重要な情報は画面中央に配置する

表示ボタンやメニューによる影響を防ぐため、重要なテキストやビジュアル要素を画面中央に配置しましょう。

■ ポイント④音声の質

　短時間で情報を効果的に伝えるショート動画では、特に音声のクオリティが重要です。ピンマイクを使ってクリアな音声を録音しましょう。

動画制作のステップ④ 編集

　ショート動画の短い時間の中で情報を的確に伝え、視聴者の興味を最後まで引きつけるためには、いくつかの編集テクニックを駆使しなければなりません。以下のポイントを意識して編集を行いましょう。

■ ポイント①インパクトのあるオープニング

　ショート動画では最初の数秒が勝負です。この時間で視聴者を引きつけられなければ、離脱されてしまいます。

　動画の出だし（オープニング）では、インパクトのあるビジュアル、キャッチーなフレーズ、または「○○の秘密を今すぐ教えます！」といった問いかけを取り入れましょう。他の伸びている動画を見て、動画の冒頭でどんな発言をしているか確認してみてください。また、テンションの高い音楽を使用するのも効果的で、動画全体の雰囲気を盛り上げることができます。

■ ポイント②シンプルなメッセージが伝わるような編集

　冗長な表現や余計な情報は省き、視覚的にもシンプルで伝わりやすい編集を心がけます。

■ ポイント③適切な効果音の挿入

　シーンの切り替え時や注目してほしい場面で効果音を挿入するなど適切なBGMや効果音を使用することで、視聴者を引き込む効果を高め

られます。

■ ポイント④テンポのよい編集

　ショート動画ではテンポのよさが視聴維持率に直結します。

　無駄な間や長すぎるシーンをカットし、テンポのよい編集を行いましょう。スムーズなシーン切り替えやダイナミックなカット割りがおすすめです。トランジション（シーンの切り替え効果）やカメラアングルの変更を取り入れることで、視覚的にリズム感のある映像を作り上げましょう。

■ ポイント⑤テロップの活用

　視聴者が音声を聞けない環境でも、テロップがあれば視聴してもらえます。重要なポイントやキーワードを強調し、色やサイズを変えることで視聴者の目に留まりやすくなります。ただし、被写体や重要なシーンを邪魔しないよう、テロップの配置場所や表示タイミングに注意します。

■ ポイント⑥CTA（Call to Action）の挿入

　ショート動画の中でも、視聴者に具体的な行動を促しましょう。たとえば、「この動画が役立ったと思ったら、ぜひフォローしてください！」や「次回の動画をお見逃しなく！」といった直接的なメッセージを伝えることで、視聴者に行動を起こしてもらえます。フォローボタンや関連動画リンクを配置し、視聴者が迷わず行動を起こせるようデザインを工夫します。

動画制作のステップ⑤ サムネイル設定

　YouTube ShortsのサムネイルはスマートフォンのYouTubeアプリでのみ設定可能です。

■ サムネイル設定手順

1. ショート動画を選択

　スマートフォンでYouTubeアプリを起動します。アプリの下部にある「＋」ボタンをタップし、アップロードしたい動画を選択します。「完了」を押した後に表示される画面で「次へ」をタップして編集画面に進みます。

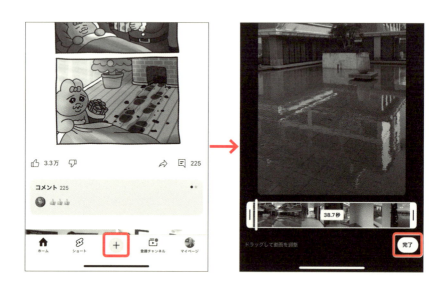

2. サムネイルを設定する

　動画の詳細画面で左上のペンマーク（編集アイコン）をタップします。動画内の希望する場面を選択し、再生バーを動かしてサムネイルとして適切なシーンを設定します。

3．動画をアップロードする

　サムネイルの選択が完了したら「完了」をタップし、「ショート動画をアップロード」を選択して設定を完了します。これで、サムネイルを設定した状態でYouTube Shortsがアップロードされます。

■ サムネイル設定の注意点

　YouTube Shorts のサムネイル設定においては、いくつかの注意点があります。

・スマートフォンからのみ設定可能

　YouTube Shorts のサムネイルはパソコン版の YouTube Studio では設定できません。スマートフォンアプリでのみ設定可能です。

・公開後のサムネイル変更不可

　一度公開したショート動画のサムネイルは変更できません。設定する際には、慎重に場面を選び、しっかり確認してください。

・外部画像の使用不可

　YouTube Shorts のサムネイルは、動画内の特定の場面から選択して設定する必要があります。外部画像のアップロードはできないため、サムネイルにしたいシーンを意識して撮影を行いましょう。

・インパクトのある場面の選択

　サムネイルには視聴者の注意を引く場面を選びましょう。驚きや感情を引き出すシーン、またはメッセージ性の強い場面が効果的です。

・テキストの活用

　ショート動画のサムネイルでは細かな編集ができないため、撮影・編集時に重要な情報やテキストを盛り込んだ場面を意識することがポイントです。

動画制作のステップ⑥ 動画アップロード

YouTube Shortsをアップロードする際に気をつけるポイントは以下になります。

■ ポイント①タイトル

タイトルは15〜20文字程度と短めにすることがポイントです。ショート動画は1,2秒で次の動画にスキップされてしまうので短く伝わるタイトルにしましょう。視聴者の興味を引くキーワードを含めることで、検索からの流入が期待できます。

■ ポイント②概要欄

YouTube Shortsでは概要欄が視聴者に見づらい位置に表示されます。そのため、概要欄の情報が直接視聴者の目に留まることは少ないですが、YouTubeのアルゴリズムには認識されています。検索キーワードなどを含めた文章を入れておくことはロング動画と同じくSEOに有効です。

■ ポイント③タグ

関連性の高いタグを設定することで、検索結果や関連動画に表示されやすくなります。動画の内容に関連するキーワードをリストアップし、適切なタグを付けましょう。

■ ポイント④公開設定

動画の公開範囲を選択することができます。以下の3つのオプションがあります。

> 公開：全ての人が視聴可能。基本的にはこちらを選択。
> 非公開：自分だけが視聴可能。テスト用として活用。
> 限定公開：リンクを知っている人のみ視聴可能。事前に共有したい場合に使用。

アップロード後すぐに公開する場合は「公開」を選び、事前チェックが必要な場合は「限定公開」や「非公開」を利用すると便利です。

■ ポイント⑤コメント欄の活用

YouTube Shortsでは**概要欄よりもコメント欄が視聴者の目に留まりやすい**ため、コメント欄を積極的に活用しましょう。「続きは本編へ」とロング動画への誘導を行ったり、「特典はYouTubeトップページの公式LINEから受け取れます」といったアクションをコメント欄に入れて視聴者へCTAを促す戦略が有効です。

■ ポイント⑥関連動画への誘導設定

YouTubeの機能を活用して、YouTube Shortsから関連動画へのワンクリックでの誘導設定も行いましょう。視聴者をロング動画や他の関連コンテンツにスムーズに誘導することで、視聴回数やチャンネル登録者数の増加が期待できます。

CHAPTER-6 動画の作成と投稿

ショート動画の アルゴリズムの理解とSEO

SECTION 05

YouTube Shortsのアルゴリズムを理解し、動画の視聴回数やチャンネル登録者数を伸ばしましょう。評価基準のポイントを解説します。

YouTubeの評価軸

YouTube Shortsのアルゴリズムは、通常のYouTube動画とは異なる独自の評価軸で設計されています。以下の評価軸は互いに影響し合い、YouTube Shorts全体のパフォーマンスを決定しています。

■ 評価軸① 視聴時間

視聴者がどれだけ長く動画を見続けたかが重視されます。特に冒頭の数秒間が重要で、視聴者の注意を引き付け、最後まで視聴される構成が求められます。冒頭にインパクトのあるシーンや視覚的に魅力的な演出を取り入れると効果的です。

■ 評価軸② 視聴完了率（動画を最後まで視聴した割合）

視聴完了率（動画を最後まで視聴した割合）が高い動画は、YouTubeから視聴者を離脱させず最後まで引き付ける力があると見なされ、アルゴリズムに優先的に取り上げられます。視聴者が最後まで見たくなるような展開や、意外性のある結末を盛り込むことを意識しましょう。

■ 評価軸③ エンゲージメント

視聴者の「高評価」「コメント」「シェア」などの行動は、視聴者の満足度を測る指標です。特にコメント数やシェア数は、視聴者の共感や興味を反映し、アルゴリズムに「視聴者同士で交流が生まれている

動画」として認識されやすくなります。動画内で質問を投げかけたり、視聴者に意見を求める工夫が効果的です。

■ 評価軸④ クリック率（CTR）

クリック率が高い動画は、アルゴリズムに「多くの視聴者が興味を示している」と認識されます。サムネイルにはインパクトのあるシーンを選び、視聴者を惹きつけるデザインを心がけましょう。

■ 評価軸⑤ リテンション（Retention）

視聴者が同じクリエイターの他のショート動画をどれだけ繰り返し視聴したかを示します。この指標が高い場合、YouTubeは「視聴者に長期的な価値を提供している」と判断し、そのクリエイターの動画を他のユーザーに積極的に推薦します。シリーズ化したコンテンツやテーマに沿った動画を定期的にアップロードして、視聴者に「次回も見たい」と思ってもらえる構成を意識しましょう。

YouTube Shorts SEO

先に紹介したショート動画のアルゴリズムが評価するポイントに加え、YouTube ShortsでのSEO対策は、「メタデータ」（動画のタイトル、概要欄、タグ）と動画内で話されている言葉の文字情報が大事になってきます。これらに一貫性を持たせたショート動画を作成しましょう。

CHAPTER-7 動画の分析と改善

YouTubeアナリティクスを使う

7

SECTION 01

YouTubeアナリティクスは、動画やチャンネルのパフォーマンスを把握するためのツールです。データを次の動画改善の材料として活用し、チャンネルの成長につなげましょう。

アナリティクスを見てみよう

　YouTubeアナリティクスでは、動画やチャンネル全体の詳細なデータを確認できます。感情的に喜んだり落ち込んだりするのではなく、データを冷静に分析し、次回の動画改善に役立てましょう。

■ アナリティクスにアクセスする

　YouTubeアナリティクスを表示させましょう。右上のプロフィールアイコンをクリックして表示されたメニューから「YouTube Studio」を選択します。

左側のメニューから「アナリティクス」タブを選択すると、YouTubeアナリティクスが表示されます。また、概要モードと詳細モードを切り替えることで、全体のパフォーマンスや個別の視聴者動向をより細かく分析できます。

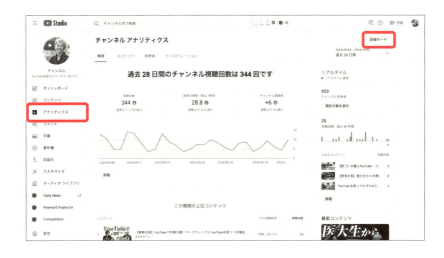

最新の動画のパフォーマンス（YouTube Studio内）

動画公開後約1時間で、「最新動画のパフォーマンス」セクションが更新されます。このセクションでは、直近10本の動画を対象に、視聴回数のランキングを確認できます。同じ経過時間での比較ができるため、初動のパフォーマンスを把握するのに便利です。

　最新動画が6位以下の場合、視聴者が動画をスルーしている可能性があります。その場合は、サムネイルやタイトルの変更を検討しましょう。再生数を重視しない教育系の動画では、ランキングが低くても問題ありませんが、たくさんの人に見てもらいたいマス向け動画ではサムネイル・タイトルを変更するなど迅速な対応が必要です。

アナリティクスのトップページ（YouTube Studio＞アナリティクス）

　YouTubeアナリティクスのトップページでは、チャンネルの全体像を把握することができます。直近28日間のチャンネル全体の再生数や再生時間、チャンネル登録者数の推移、直近24時間でどのくらい再生されたかのリアルタイム再生、また28日間の中で最も再生された動画トップ10とその再生数も確認できます。

　重要なのは、28日間のデータを通じてチャンネルが右肩上がりに成

長しているかどうかです。チャンネルを開設したばかりの頃はそこまで気にしなくてもいいですが、成長期（ロング動画の投稿が50本以上）に入っている場合は、定期的にチャンネルの成長具合をチェックしましょう。右肩上がりに増えていない場合は、リストの獲得も難しくなってしまいます。

アナリティクスのコンテンツページ（アナリティクス＞コンテンツ）

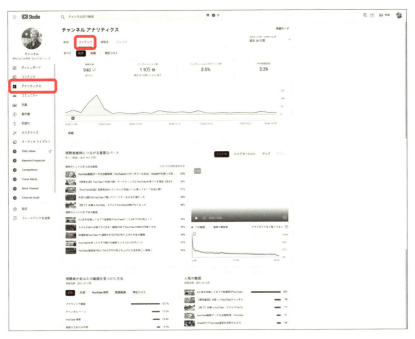

アナリティクスの「コンテンツ」ページでは、動画ごとの詳細なデータが表示できます。たとえば、視聴維持率が高い動画と低い動画を比較したり、視聴者がどのようにあなたの動画を見つけたか（検索ワードや関連動画からの流入など）といった細かい情報まで確認可能です。

特に検索キーワードの分析はよく使います。ここで得たキーワード情報をもとに動画のタイトルや説明文、タグを最適化していきます。

アナリティクス視聴者ページ（アナリティクス > 視聴者）

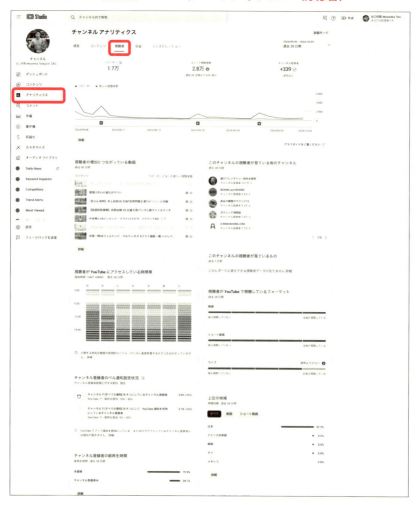

　アナリティクスの「視聴者」ページでは、視聴者の属性データを詳細に分析できます。たとえば、リピーターと新規視聴者の比率や、年齢層、性別、地域、他に視聴しているチャンネルや動画まで確認できます。

　ターゲット層と実際の視聴者層が異なる場合は動画内容やテーマを見直し、調整しましょう。実際の視聴者層に寄り添う戦略が必要です。

アナリティクス詳細モード（アナリティクス＞詳細モード）

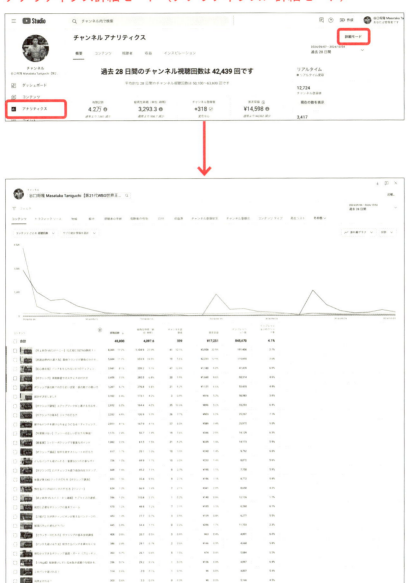

画面右上の「詳細モード」をクリックすると、次のデータを詳細に確認できます。

・視聴維持率

　視聴者がどのタイミングで離脱しているかを示す指標で、動画がどれだけ視聴されたかを確認できます。

・インプレッションとクリック率

　動画が表示された回数（インプレッション）と、そのうち実際にクリックされた割合（クリック率）を確認できます。

・トラフィックソース

　視聴者がどの経路（検索結果、関連動画、外部リンクなど）から動画にアクセスしているかを確認できます。

・視聴者属性

　年齢、性別、地域など、視聴者の基本的な情報を確認できます。

・時間帯

　視聴者がYouTubeにアクセスする時間帯を把握できます。視聴者が多く訪れる時間帯に動画を投稿することで、より多くの視聴回数を稼ぐことが可能です。

データ利用時の注意点

　YouTubeアナリティクスの詳細モードに表示される情報は、リアルタイムではなく数日遅れて反映され、すぐに最新のデータを確認できない場合がある点に注意してください。

　また、チャンネルを開設したばかりの初期段階では、十分なデータが蓄積されていないため、視聴者の傾向やパフォーマンスの全体像を把握しにくいこともあります。データが集まるまでしばらく時間をかけて観察するようにしましょう。

CHAPTER-7 動画の分析と改善

アナリティクスで得たデータから改善する

SECTION 02

YouTubeアナリティクスで得たデータを活用し、効果的にチャンネルを改善していきましょう。

改善サイクル

アナリティクスのデータから、動画の改善ポイントを見つけて、改善していくことで、チャンネルは成長していきます。アナリティクスのデータから動画の改善ポイントを見つけ、継続的に改善を行うことで、チャンネルは成長していきます。

改善は、PDCAサイクルに従って進めましょう。PDCAとは、業務改善や目標達成のためのフレームワークで、以下の4つの段階で構成されます。

計画（Plan）

分析結果をもとに改善点を見つけ、次回の動画制作方針を立案します。

実行（Do）

計画に基づいてコンテンツを制作し、公開します。

評価（Check）

公開後のパフォーマンスを確認します。再生数、視聴時間、エンゲージメント率などの指標をチェックしてください。

改善（Act）

評価結果を基にさらに改善点を見つけ、次回の動画制作に反映します。

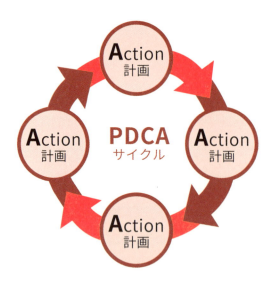

クリック率を改善する

　YouTubeのクリック率（CTR）は、動画のサムネイルが表示された回数（インプレッション数）に対して、何回クリックされたかを示す指標です。以下の計算式で求められます。

クリック率＝（クリック数 ÷ インプレッション数）× 100

　一般的なYouTubeの平均クリック率は4〜5%とされます。これより低い場合は7〜8%を目標に設定しましょう。特に優れた動画では、10%以上のクリック率を記録することもあります。

■ アナリティクスでクリック数を把握する

　まずはクリック率を確認しましょう。
　アナリティクスの「動画の詳細」ページにある「リーチ」セクションで確認できます。

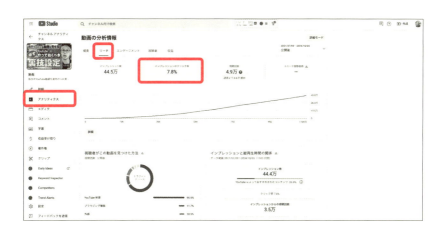

チャンネル全体のクリック率は、アナリティクスの「コンテンツ」セクションから確認できます。

■ クリック率向上のポイント

クリック率を向上させるためには、以下の点を意識して改善を進めましょう。

・ターゲット層に合ったサムネイル作成

クリック率の高いサムネイルと低いサムネイルを比較し、その違いを分析します。デザインや配色が視聴者層に適しているか、興味を引く内容になっているかを再考しましょう。

・魅力的なタイトル設定

動画のタイトルでもクリック率を比較し、反応がいいパターンを見極めます。成功している他の同ジャンル動画のタイトルやサムネイルを参考にし、それらの要素を自身の動画に取り入れてみましょう。

■ クリック率が低い原因はYouTubeに認識されてないからかも？

クリック率が低い場合、その原因が単に「サムネイルが魅力的でない」「動画の企画が魅力的でない」といった自身の問題だけに限られるわけではありません。

「チャンネルがまだYouTubeに認識されておらず、適切な視聴者におすすめされていない」という理由でクリック率が上がらない可能性も考えられます。

特にクリック率が1%や2%と極端に低い場合、YouTubeにチャンネルが認識されていないことが原因である可能性が高いです。その場合は、まず検索流入を増やし、視聴者に自分のチャンネルの動画を見てもらう機会を増やしましょう。

このような取り組みを続けることで、YouTubeに「このチャンネルはダイエットに関するチャンネルだ」「このチャンネルは料理に関するチャンネルだ」と認識されるようになります。すると、適切な視聴者、例えば料理系のチャンネルであれば料理が好きな人に動画がおすすめされるようになり、自然とクリック率も上昇していきます。

186

インプレッションを増やす

　YouTubeのインプレッションは、サムネイルがユーザーに表示された回数を指します。具体的には、サムネイルの50%以上が1秒以上表示された場合に1インプレッションとしてカウントされます。この指標は、YouTubeが動画をどれだけ視聴者におすすめしているかを示す重要なデータです。

　インプレッション数は、クリック率と同じアナリティクスページで確認できます。

■ インプレッション数を増やすポイント

1．サムネイルの質の向上
　インプレッション数が多い動画と少ない動画のサムネイルを比較し、どんなデザインが好まれるかを考えましょう。

2．効果的なタイトル設定
　タイトルもインプレッションに影響します。具体的な数字や「○○の方法」「必見！」などのキーワードを活用し、サムネイルとタイトルが補完し合うように設定してください。

3．定期的な動画投稿
　YouTubeのアルゴリズムは、定期投稿をするチャンネルを高く評価する傾向があります。投稿スケジュールを安定させることで、インプレッション数の増加が期待できます。

4．視聴維持率の向上
　視聴維持率が高い動画は、YouTubeから「価値があり、視聴者にとって有益」と評価されるため、より多くのユーザーにインプレッションされる可能性が高まります。理想的な視聴維持率は40％以上とされているので、この数値を目指しましょう。

5．YouTube Shortsの活用
　Shortsはインプレッションされやすい傾向があるので、定期的にShortsを投稿し、インプレッション数を効率的に増やしましょう。

視聴維持率を上げる

　特にチャンネル初期段階では、視聴維持率40％以上を目標に設定

し、アルゴリズムからの評価を得られる状態を維持することが重要です。YouTube アナリティクスを活用し、視聴者がどの部分で離脱しているかを分析して改善につなげましょう。

　以下のポイントを意識して、視聴維持率を向上させてください。

■ 視聴維持率を向上させるポイント

　視聴維持率を向上させるためのポイントは以下になります。

1．冒頭30秒で視聴者を引きつける

　視聴者は最初の数秒で動画の継続視聴を判断します。視聴維持率が低い場合は、冒頭30秒で動画の要点や見どころを簡潔に提示し、視聴者の興味を引くことができているか、今一度確認しましょう。

　たとえば、冒頭で「この動画を最後まで見ることで得られるメリット」を提示したり、動画の見どころをかんたんに紹介するなどを取り入れてみてください。

2．サムネイルとタイトルの一貫性

　サムネイルやタイトルが動画冒頭の内容と一致しないと、視聴者は期待外れを感じ、すぐに離脱してしまいます。

　タイトルとサムネイルは、動画の内容を正確に反映したものになっているか、確認してください。

3．テンポのよい編集

　間延びした部分やテンポの悪いシーンは、視聴者の集中力を削ぎ、離脱を招く原因となります。

　視聴維持率が低い動画の編集を確認して、間延びした部分をカットできているか、動画全体をテンポよく進行できているかをチェックしましょう。BGMの音量が大きすぎないか、音声が聞き取りづらくないかも確認します。

4．投稿頻度の安定

　定期的な投稿スケジュールを設定し、視聴者に「頻繁に更新される チャンネル」という認識を持ってもらいましょう。視聴者が定期的に チャンネルを訪れるようになると、過去の動画の視聴維持率も向上し ます。

5．YouTube Shortsの活用

　Shortsで視聴者の関心を引き、ロング動画への誘導を行いましょ う。興味のある視聴者が訪れるので、視聴維持率の改善が見込めます。

ショート動画から誘導する

ショート動画→興味→ロング動画→視聴維持率が上がる

6.他SNSやリストからの流入を増やす

　自社で持っているSNSやリストにYouTubeの動画を共有することで その内容に興味を持った人だけが動画を視聴しにきてくれます。これ により、視聴維持率の改善が見込めます。

検索キーワード分析

　YouTubeアナリティクスでは、視聴者がどのような検索キーワード を使用して動画にたどり着いたかを確認できます。思いも寄らない人 気キーワードが見つかることもあり、そのデータを基に次の動画企画 を立てる際の仮説を作ることが可能です。

■ 検索キーワードを確認する方法

「アナリティクス」の「詳細モード」を選択し、「トラフィックソー ス」を選びます。「トラフィックソース」では、視聴者がどの経路で動 画にアクセスしたかを確認できます。

「トラフィックソース」の中から「YouTube検索」を選ぶことで、視聴者が検索した具体的な検索キーワードが表示されます。

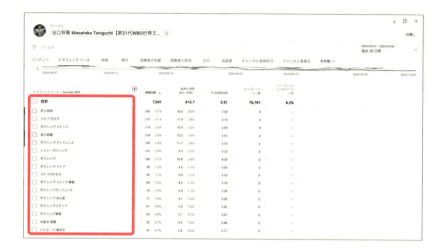

　なお、データは一定期間内に十分なトラフィック（再生）があった場合にのみ表示されます。データが表示されない場合は、期間を調整して再確認してください。

■ 検索キーワードを活用する方法

　以下の方法で検索キーワードを活用し、チャンネル改善に役立てましょう。

・狙ったキーワードからの流入確認
　企画段階で狙ったキーワードで視聴者が流入しているかを確認します。狙いどおりの結果であれば、企画が成功していると判断できます。

・コンテンツのテーマを決定する
　視聴者が検索するキーワードを基に、新しいテーマやトピックを見つけましょう。たとえば、「初心者向け〇〇の方法」というキーワードで流入している場合、関連する内容や詳細な解説動画を作ることで、同じ視聴者層に効果的にアプローチできます。

・キーワード調査ツールの活用

　見つけたキーワードを深掘りする際はvidIQなどのツールを活用しましょう。これらのツールを使うと、人気のあるキーワードや競争が少ないキーワードを見つけられます。

・競合との比較

　競合チャンネルで再生数が多い共通のキーワードを分析し、自分の動画にもそのキーワードが含まれているか確認しましょう。これにより、競合分析がさらに効果的になります。

コメント分析

　コメント分析では、再生回数や評価といった数値データでは見えない、視聴者の「生の声」を直接知ることができます。

　ただし、コメントに感情が振り回されすぎないように注意してください。コメントは感情的に見るものではありません。視聴者の反応をデータとして可視化し、次のコンテンツ制作に活かすのが大事です。

　コメント分析では、以下のポイントに着目しましょう。

■ 定期的な集計

　ポジティブなコメントとネガティブなコメントの比率を調査し、視聴者の反応を全体的に把握します。

■ 次回作などへの要望を取り入れる

「もっとこのテーマを掘り下げてほしい」や「次は○○を取り上げてほしい」といった要望が多く見られる場合、それに応える形で新しい動画を制作すると視聴者の期待に応えることができます。

■ 頻出キーワードの特定

　視聴者がよく使用する言葉を把握し、トレンドや視聴者の関心事を読み取ります。

■ 改善ポイントの特定

　ネガティブなコメントを元に動画の改善点を見つけ、次のコンテンツに反映します。

視聴者分析

　YouTubeアナリティクスでは、視聴者の年齢、性別、居住地域、視聴時間帯といったデモグラフィック情報の把握が可能です。この分析を活用すれば、視聴者の属性に合わせた戦略に活用できます。

■ 年齢分布の活用

　視聴者の年齢層を確認することで、どの世代が多く視聴しているのかを把握できます。たとえば、10代から20代の若年層が多ければ、若者に人気のあるスタイルやトレンドを取り入れたコンテンツが効果的です。一方、30代から40代の視聴者が多い場合は、実用性の高い情報やライフスタイルに関するテーマが共感を得やすくなります。

　50代以上など高齢の視聴者が多い場合はサムネイルの文字を大きくすることでクリック率を高めることができる、という傾向もあります。

■ 性別分布の活用

　視聴者の性別によっても、好まれるコンテンツやアプローチ方法が異なります。男性が多ければ、テクノロジーやビジネス、筋トレなどのテーマが人気を集める傾向があります。女性が多い場合は、美容やライフスタイル、スピリチュアルに関する内容が好まれやすい傾向が

あります。このように性別分布のデータをもとに、コンテンツの方向性やアプローチを調整することが可能です。

■ 視聴時間帯の最適化

視聴者が最もアクティブな時間帯を把握することで、動画の投稿タイミングを最適化できます。たとえば、視聴者が20時に多く視聴しているとわかったなら、その時間帯に動画を投稿すると動画公開直後の視聴回数を増やしやすくなります。また、視聴者がアクティブな時間にライブ配信を行えば、リアルタイムのエンゲージメントを高め、視聴者とのつながりを強化できます。

ショート動画で大事な分析と改善

ロング動画とショート動画では、重視する分析指標が若干異なります。ショート動画の視聴者の反応を最大限に活かすための改善ポイントを知っておきましょう。

ショート動画のアナリティクス画面

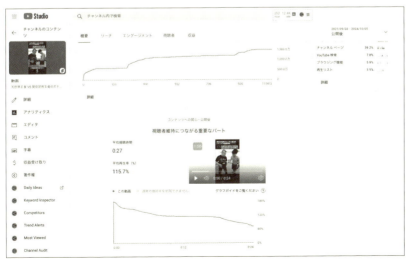

1．再生回数

ショート動画では、再生回数が基本的な指標です。特定の動画の再生数が極端に多い、または少ない場合は、タイトルや内容を見直しましょう。再生回数はYouTubeアルゴリズムの評価に直結します。

2．平均視聴時間

ショート動画の特性上、平均視聴時間100％以上を目指すことが可能です。リピート視聴を誘導する編集や構成が効果的です。たとえば、動画の最初と最後に関連性を持たせることで視聴者が何度も再生する仕掛けを作ると、視聴時間が向上します。

3．エンゲージメント率

いいね、コメント、シェアといったエンゲージメントの高い動画はアルゴリズムによってさらに多くの視聴者に表示されやすくなります。動画内で明確な行動喚起（「いいねを押してください」「コメントで教えてください」など）を行い、視聴者の積極的な参加を促しましょう。

4．トラフィックソース

視聴者がどの経路から動画を見つけたかを把握し、検索流入が多い場合は、キーワードを最適化してSEOを強化します。

SNS流入が多い場合は、SNS用の切り抜き動画や紹介文を最適化して、視聴者をYouTubeへ誘導する戦略を立てましょう。

5．視聴者属性データ

ターゲット層が若年層であれば、テンポの速い編集やトレンドを取り入れた内容が効果的です。

CHAPTER-7 動画の分析と改善

正しくリスト誘導が 7 できているかを分析する

SECTION
03

メルマガやLINEのリストが増えていないなら、リスト誘導を見直しましょう。

リストが増えているかもチェックしよう

　ここまで動画やチャンネルの分析、改善を行ってきましたが、ビジネス目的でYouTubeをやるなら、大事なのは商品やサービスが販売につながっているかどうかです。そのためには、動画の視聴者をメルマガやLINE登録ページに誘導する仕組みが大事です。実際に、メルマガやLINEの登録者が増えているかもしっかりチェックしましょう。

　視聴回数や動画の登録者数の積み上げと同時に、リスト数も増えているならば良好です。しかし、新規の視聴者が増えているのに、リストの獲得数が増えていないない場合は、どこかにエラーが発生している可能性があります。ここでは、リスト登録改善の方法をいくつか話します。

見直しポイント① 登録のメリットを訴求できているか

　リストが増えない原因として、「メルマガやLINEに登録してください」というメッセージや、メルマガやLINE登録のメリットを動画内で十分に伝えきれていないことが考えられます。

　この際、単に「登録してください」とお願いするのではなく、具体的な特典やメリットを提示することが重要です。

「登録者限定の特典動画をプレゼントしています！」や「LINE登録者には○○の最新情報を最優先でお届けします！」など、登録すること

197

でどのようなメリットが得られるのかを明確に伝えていきましょう。

見直しポイント② テーマと一致しているか

　動画の内容と誘導先（登録ページや特典）のテーマが一致しているか確認してください。たとえば、ダイエット動画で「ダイエットに効果的な食事レシピ集」を提供するなど、視聴者の関心に合致した特典が必要です。そのうえで、「LINE登録者限定で、ダイエットに効果的な食事レシピ集を無料で提供しています」と伝えれば、視聴者に興味を持ってもらえます。

見直しポイント③ 適切なリンク設置

　リスト登録ページへのリンク設置場所も重要です。

　動画概要欄、終了画面からQRコード、そしてコメント欄にもリンクを配置し、視聴者がかんたんにアクセスできる環境を整えましょう。

　そして、視聴者が動画の流れを途切れさせることなく登録できるよう、自然な形でリンクを案内します。

「さらに詳しい情報を知りたい方は、概要欄のリンクから登録してください」のように動画内でリンクの場所を具体的に説明し、スムーズな誘導を心がけましょう。

継続的な改善が大事

　リスト獲得戦略は一度設定すれば終わりではありません。誘導がうまくいかない場合は、特典内容や動画内のメッセージを変更し、視聴者の反応を見ながら最適化を図りましょう。

CHAPTER-7 動画の分析と改善

公開済みの動画を編集して復活させる

SECTION 04

公開済みの動画に手を加えるだけで、再生数が急激に伸びることがあります。具体的な方法を3つに分けて解説しますので、ぜひ試してみてください。

サムネイル変更

　多くの方は、動画を公開後そのままにし、新しい動画制作に注力しがちですが、過去に公開された動画のサムネイルを変更するだけで再生数やインプレッション数が増加するケースは少なくありません。

　魅力的なサムネイルデザインに刷新することで、クリック率（CTR）が向上します。CTRが上がると、YouTubeアルゴリズムによって動画が再び推奨され、他の視聴者にも表示される可能性が高まります。

　ただし、以前のサムネイルとわずかに異なる程度の変更では効果が薄い場合があります。デザインやメッセージを大幅に変更することで、より高い効果を期待できます。

タイトル変更

　サムネイルに続いて、タイトルの変更も再生数復活に効果的な手段です。

　ただし、サムネイルと同様、タイトルの文字を少し変える程度では効果が期待できません。

　大胆に切り口を変えて、全く新しい動画に見えるようなタイトルにリニューアルしましょう。これにより、異なる視点から新たな視聴者を引きつけることができます。その際、新しいタイトルにも検索キーワードをしっかりと入れることを忘れないようにしましょう。

以前の動画をSNSで拡散する

　YouTubeのアルゴリズムは最新の情報（動画）を優先して露出させる傾向があるため、過去の動画の露出が減ることは避けられません。

　しかし、過去の動画でも再生数が急に伸びたり、視聴者からのリアクションや評価が増えると、YouTube側も「他の視聴者にも見せるべき動画」と判断し、露出を再び増やしてくれることがあります。

　そのため、過去の動画の再生数を復活させたい場合は、トレンドに合わせて他のSNSで動画を積極的に拡散したり、持っているメール・LINEのリストに向けて動画を紹介するなどの施策を行いましょう。これにより、YouTubeが再びその動画を「おすすめ」として他の視聴者に表示させてくれる可能性が高まります。

　また、季節やイベントに関連した動画（例：夏の動画、クリスマス動画など）は、該当シーズンに合わせて再度拡散すると効果的です。こうした「資産としての動画」を増やすことも、長期的なチャンネル運営に役立ちます。

■ 注意点

　いずれの方法も、動画自体が視聴者にとって満足度の高い内容であることが前提です。内容が視聴者から評価されない場合、いくら変更や拡散を行っても再生数は伸びないので、品質を最優先に考えましょう。

CHAPTER-7 動画の分析と改善

7
チャンネル
カスタマイズ

SECTION
05
チャンネルの第一印象を左右する紹介動画や再生リストを利用して、チャンネルを魅力的にカスタマイズしましょう。

視聴者に覚えてもらうためのチャンネル紹介動画

　YouTubeチャンネルのトップページでは、カスタマイズ機能を活用して、任意の動画や再生リストを自由に配置できます。まずは「チャンネル紹介動画」を設置しましょう。

■ チャンネル紹介動画とは

　紹介動画は、チャンネルのテーマや提供するコンテンツを視聴者に伝える「自己紹介」の役割を果たします。視聴者がチャンネルを訪問する主な流れとしては以下のようなケースが考えられます。

> 1．動画視聴後に興味を持ち、チャンネルに訪問
> 2．オフラインでチャンネルを教えてもらい、訪問

　このどちらの場合でもチャンネル紹介動画はチャンネルを訪れた視聴者に最初に目に留まるコンテンツとなり、チャンネル全体のブランディングを担う重要な役割を果たします。

201

■ 紹介動画の設定方法

　YouTube Studio の左側のメニューから「カスタマイズ」を選びます。「ホーム」タブをクリックします。「レイアウト」の「セクションを追加」を選択し、「チャンネル紹介動画」をクリックして設定したい動画を指定します。
　また、「スポットライト」を選択すると既存の視聴者向けに別の動画を表示することも可能です。

■ 効果的な紹介動画を作るポイント

　チャンネル紹介動画は、視聴者にあなたのチャンネルに興味を持ってもらい、「このチャンネルは私が見たい動画が更新されてる」と感じていただき、他の動画も視聴したくなるような動画を選択することがポイントです。
　動画内でチャンネルのテーマやスタイル、「このチャンネルに登録することでどのような価値が得られるか」を具体的に伝えます。
　チャンネル紹介動画は他の動画へ誘導するための橋渡しの役割を果たすため、わかりやすかったり権威性を伝えられる内容にすることが大切です。

　また、紹介動画は一度設定したら終わりではなく、チャンネルのテーマが変わったり新しいシリーズがはじまった場合には最新の内容に更新しましょう。視聴者に最新のチャンネル情報を伝えることが大切です。

再生リスト

　再生リストは、視聴者に見てほしい動画を希望の順番でまとめて表示できる機能です。チャンネルのトップページに見てほしい再生リストを設置しましょう。

■ **再生リスト作成方法**

　まずは再生リストを作成して、その後チャンネルのトップページに設置します。

1．YouTube Studioにアクセスする

　画面右上のプロフィールアイコンをクリックして、「YouTube Studio」を選択します。

2．再生リストの作成

　画面右上にある「作成」ボタンをクリックし、「新しい再生リスト」を選択します。

2. タイトルと説明文を入力

再生リストのタイトルを入力し、公開設定（公開、非公開、限定公開）を設定します。

再生リスト名はSEOに関わってくるので、タイトルと説明文にはSEOを意識したキーワードを含めたうえで、視聴者にわかりやすいものにします。

最後に「作成」をクリックすると再生リストが作成されます。

3．動画の追加

　再生リストに動画を追加するには、左側のメニューから「コンテンツ」を選び、「再生リスト」タブをクリックします。追加したい再生リストを選択します。

「動画を追加」ボタンをクリックし、「既存の動画を選択」を選びます。

　追加したい動画を選んで「完了」を押すと、再生リストに動画が追加されます。

4．再生リストの編集

再生リストを編集したい場合は、編集したい再生リストを選択し、左側のメニュー内にある「動画」をクリックします。

207

再生リストの編集画面では、右上の「YouTubeで編集」をクリックします。

　＋や鉛筆マーク、3点リーダーの中から編集したい内容を選んで行うことができます。また、動画の順序を変更したい場合は各動画の左側にある二本線をマウスでドラッグして上下に移動させましょう。

■ チャンネルのホーム画面に追加する方法

　作成した再生リストをチャンネルのトップページに設置します。

「YouTube Studio」の「カスタマイズ」メニューを開き「ホーム」タブを選びます。「セクションを追加」から、再生リストをホーム画面に追加することが可能です。

COLUMN
YouTube発信者同士のコラボについて

　YouTube発信者同士のコラボレーションは、視聴者に新しい体験を提供しながら、双方のチャンネルの成長を促進する効果的な手段です。コラボにはいくつかの方法があり、代表的なものは以下のようなパターンです。

相互紹介
　それぞれのチャンネルでコラボ相手とチャンネルの関連性の高い

テーマについて話し合うことでお互いの視聴者層を広げることができます。

共同制作

同じテーマについてお互いのチャンネルで話し合い、前編後編とそれぞれのチャンネルでアップする形式。続きを見にコラボ相手のチャンネルに遷移させることができます。

コラボのメリット

コラボによるメリットとしては、相手の視聴者にも自分のチャンネルを知ってもらう機会が増えることが挙げられます。特に同じジャンルや興味を持つチャンネル同士であれば、相互に登録者が増える可能性が高いです。

異なるスタイルや視点を持つYouTube発信者とコラボした場合は、普段とは異なる視点や切り口を取り入れた動画で視聴者に新鮮な企画を提供できます。

また、コラボを行うと「指名検索」といって自分の名前での検索の数を増やすことができます。これはチャンネルの成長にもアルゴリズム的にもいい影響を与えます。

コラボ成功のポイント

コラボを成功させるためには相手選びが重要です。もちろん自分よりも何倍も登録者の多い発信者とコラボができるといいですが、なかなか難しいと思うので自分と同程度の登録者数を持ち、ジャンルやコンテンツの方向性が近い発信者を選ぶと、双方にとってメリットが大きく話を進めやすいです。

また、事前準備も欠かせません。コラボ相手の動画をよく分析し、どのような内容が視聴者に受け入れられているのかを調べておきましょう。相手のコメント欄に好意的なコメントを残すことで、よい印象を与えられます。コラボを依頼する際には、相手がアカウントを持っていれば、X（旧Twitter）やInstagramを使用するといいでしょう。リプライやDMなどでスムーズにコミュニケーションが取れます。

CHAPTER-8　他にも押さえておきたいYouTubeの機能

8

SECTION 01

視聴者との距離を縮めるYouTubeライブ

YouTubeライブは、視聴者とリアルタイムで交流できる配信サービスです。双方向のコミュニケーションが可能で、視聴者との関係を深められるメリットがあります。

YouTubeライブの特徴

　YouTubeライブでは、リアルタイムでライブ配信が可能です。

　最大の特徴は、視聴者とリアルタイムで双方向のコミュニケーションを取れる点です。視聴者がコメントや質問をその場で投稿し、配信者が即座に応答することで、一体感が生まれます。

　ライブ配信ならではのこのリアルタイム性は、従来の録画コンテンツにはない強みです。視聴者は配信に直接参加している感覚を得られ、ブランドや配信者への忠誠心や関心が深まる効果があります。

　また、ライブ中はスーパーチャット機能により視聴者が投げ銭を送ることで、配信者に直接収益が入るほか、配信者はライブ中の広告収入も得られます。

コスト効率が高い

　ライブ配信は、コスト効率の高さも魅力の一つです。スマートフォンやパソコンのWebカメラといったかんたんな設備があれば、すぐに配信が可能です。ストリーミングソフトを活用すれば、エフェクトを加えた高度な配信も行えます。

　また、通常の動画制作では編集作業が必要ですが、ライブ配信では編集が不要です。そのため、配信準備から終了までの手間が削減されます。

こうした低コストで参入しやすい特性から、ライブ配信は個人だけでなく企業のマーケティング活動でも広く活用されています。

活用例
- ウェビナーや教育セミナー
- 商品紹介や販売促進
- ファンとの交流イベント

配信後はアーカイブを残すことで、リアルタイムで参加できなかった視聴者にも動画を提供できます。アーカイブされた動画は通常のYouTube動画として扱われるため、長期間にわたり視聴者に価値を提供し続けることができます。

ライブ配信の台本作成

ロング動画の台本作成で利用した「PASTORフォーミュラ」を使い、ライブ配信の台本を作成しましょう。ここでは、1時間のライブ配信を想定した台本の構成を解説します。

1. 開始〜5分：視聴者との交流（Warm-up）
最初の5分は、視聴者との距離を縮めるための時間として活用します。急に本題に入るのではなく、視聴者のコメントを拾って、場を温めます。

まずはゆっくりと話しはじめることを意識してください。これにより、視聴者が「この配信はただの情報提供だけで終わらない」と感じ、親しみを持ちやすくなります。

また、人数が集まるまでは一人一人と丁寧にコミュニケーションを取りましょう。たとえば、「こんばんは、聞こえてますか？　聞こえていたらコメントください！」と呼びかけたり、はじめての視聴者に対

して「はじめましての方は『初です！』とコメントしてくださいね！」
と促すことで、視聴者がコメントに慣れるよう働きかけます。

　コメントをくれた人の名前を呼びかけながら「○○さんはどの動画
で私のことを知ってくれましたか？」などの質問を交えると、より親
近感を感じてもらえます。

2．5〜10分：問題提起（Problem）と共感（Aspiration）

　5〜10分経過したら、次のステップである『問題提起（Problem）』
と『共感（Aspiration）』のパートに移行します。

　この段階では、まず視聴者が抱えているであろう問題を提示し、そ
の課題に共感を示すことがポイントです。

　たとえば「SNS集客」というテーマなら、「SNSを使っていても、
なかなかフォロワーが増えなかったり、集客に繋がらないと悩んでい
る人は多いですよね」といった形で、彼らの痛みや悩みを代弁してあ
げることで「自分のことを理解してくれている」という安心感を与え
ることができます。

　そして、「実は自分も同じことで悩んでいた時期がありました」とい
ったフレーズを用いて、自分の経験を交えながら共感を示し、「でも今
日はその解決策についてしっかりとお伝えしますので、安心してくだ
さい！」と伝えると、視聴者は「この人の話を聞いたら私の課題を解
決することができそうだ」と感じ、より集中して話を聞いてくれるよ
うになります。

3．10〜15分：ストーリー（Story）を語る

　10〜15分が経過した段階では、さらに自分自身やお客様の『ストー
リー（Story）』を語ることで、より深い信頼を築いていきます。

　たとえば、「今ではたくさんの生徒さんを指導してSNS集客を成功
させていますが、最初は全然うまくいきませんでした」といった形で、
成功する前の失敗談や苦労話を語ると、視聴者は親近感や共感を覚え、

「自分も同じようにできるかも！」という期待感を持って話に引き込まれやすくなります。

４．15〜20分：証言や成功体験（Testimony・Transformation）

15〜20分が経過したら、他の人の『証言や成功体験（Testimony・Transformation）』を紹介するパートに入ります。たとえば、「このやり方を実践して成功したのは私だけではありません。実際に、他の生徒さんもこの手法を使ってSNSを通じて多くの顧客を獲得し、売上を大幅に伸ばすことに成功しています」といった証言やエピソードを話すことで、「この方法は本物だ」と視聴者に思わせることができるでしょう。特に権威ある人物や実績を示す場合には、その人のバックグラウンドや具体的な数字などを交えて話すことで、より説得力を持たせることができます。

ロング動画の台本の章でもお伝えしたとおり、視聴者に「あなたの課題や悩みを解決する"魔法の力"があり、このライブを最後まで見ることで、あなたはその"魔法の力"を知ることができる」と伝えることが重要です。このメッセージによって、視聴者は"魔法の力"を手に入れたいと思い、ライブを最後まで見るきっかけとなるのです。

５．20〜30分：本題（Main Content）

配信開始から20〜30分が経過すると、視聴者の接続数がピークに達するタイミングとなるので、ここで『本題』に入り、伝えたいポイントを3つに絞って話を展開していきます。

このとき、『PREP法（結論→理由→事例→再結論）』を用いると、視聴者が理解しやすく、話の構成に説得力を持たせることができます。

たとえば、「SNS集客で大事なのはフォロワー数よりもエンゲージメントです（結論：Point）。なぜなら（理由：Reason）、フォロワーが多くてもエンゲージメントが低ければ、実際の集客には繋がらないからです。（事例：Example）実際に、フォロワーが1万人いるＡさんよ

りも、フォロワー500人でエンゲージメントが高いBさんのほうが10倍売上が上がった例もあります。ですので、SNSで成功したいなら、エンゲージメントを最優先すべきです（結論：Point）」といった形で話すことで、視聴者にわかりやすく内容を伝えられます。

6．45〜50分：オファーやセールス（Offer）

　ライブ配信の45分〜50分が経過する頃には、商品の『オファーやセールス（Offer）』のパートに移行します。商品を販売するだけでなく、個別相談に誘導したり、公式LINEに誘導したりすることで目的を達成させるのがこのパートです。ここでは、「私や他の人が成功したこのやり方を、あなたにもお伝えしたいと思います」といった形で、セールスを行いますが、ここで注意すべきは視聴者に押し売り感を与えないことです。

　むしろ、視聴者自身が「これを購入したら、自分も同じように成功できる」と感じられるようなナチュラルな流れを意識することが重要です。たとえば、「今なら、初回特典として○○を無料でプレゼントしています。この機会を逃さないでくださいね！」など、特典や期間限定のオファーを提示することで、視聴者の行動意欲を引き出します。

7．50〜60分：最後の一押し（Response）

　最後に、配信終了前の50〜60分にかけて、視聴者が行動を起こすように促す『最後の一押し（Response）』を行います。ここでは、「商品の数には限りがあります！」「先着○名限定です」「あと24時間で締め切ります」など、時間的または数量的な制約を提示し、希少性や限定感を強調すると効果的です。

　このようなアプローチにより、視聴者は「今すぐ行動しないと後悔するかもしれない」と感じ、行動に移しやすくなります。また、「今回だけの即決特典・即決価格です」といった形で特別感を持たせることで、視聴者が迷わずに購入を決断できるよう誘導することも忘れずに

行いましょう。

ライブ配信の台本構成

開始〜5分：視聴者との交流（Warm-up）
↓
5〜10分：問題提起（Problem）と共感（Aspiration）
↓
10〜15分：ストーリー（Story）を語る
↓
15〜20分：証言や成功体験（Testimony・Transformation）
↓
20〜30分：本題（Main Content）
↓
45〜50分：オファーやセールス（Offer）
↓
50〜60分：最後の一押し（Response）

■ 台本作成の注意点

今回は60分で例を挙げましたが、60分でなくても90分でも30分でも効果はあります。

そして、すべてを完璧に台木どおりに進める必要はありません。逆に台本どおりに進めすぎると不自然になる場合があるので、大まかな流れを決め、視聴者とのコミュニケーションを重視しましょう。

はじめてのライブ配信では感覚をつかむのが難しいかもしれませんが、回数を重ねるごとにスキルが磨かれていきます。視聴者の反応を観察しながら、あなたらしいスタイルを確立していきましょう。

217

ビジネス成果が出やすいYouTubeライブイベントの作り方

　ビジネス成果を上げるYouTube ライブイベントでは、視聴者を引き込む工夫とエンゲージメントの向上が重要です。以下に、成功のポイントを解説します。

1. ライブ環境を整える

　ライブ配信の環境は視聴者の印象に直結します。

- **カメラの位置：顔が近すぎたり遠すぎたりせず、自然な距離感を保ちましょう。**
- **照明：自然光に近い照明を使用し、明るく清潔感のある映像を心がけます。暗すぎると不安感を与え、白すぎると顔がテカり不健康に見えることがあります。**
- **背景：観葉植物や整然とした部屋を背景にするなど、視聴者が憧れるような演出を取り入れましょう。**

2. 視聴者に覚えてもらうための工夫

　視聴者の記憶に残る演出を心掛けましょう。たとえば、特定の帽子やメガネ、アクセサリーを身につけるなど、いつも同じ印象の格好をすると、視聴者に覚えてもらいやすくなり、親近感を持ってもらえます。服装のテイストを決めておくのもいいでしょう。

3. 話し方の工夫

　YouTube ライブで視聴者を飽きさせず、引き込み続けるには抑揚をつけた話し方が求められます。他の成功している人の話し方をモデルにして模倣することからはじめましょう。

　また、自信を持って断言する話し方も大事です。「だと思う」や「〜かもしれない」といった曖昧な表現を避け、しっかりと言い切ること

で、視聴者に強い印象を残せます。普段より少し速めのスピードで話してテンポよく進行すれば、視聴者を飽きさせずに引きつけられます。

そのうえで、身振り手振りや笑顔を織り交ぜて、視覚的なインパクトを加えましょう。

また、「えー」「あのー」といった口癖は視聴者の集中を妨げます。自分のライブアーカイブを見返して、そのような口癖が多い場合は改善しましょう。

4．視聴者を引きつける話の流れ

視聴者を引きつけるには、具体的なノウハウや数字を交えた実践的な情報と、親しみやすいマインド系の話をバランスよく組み合わせるといいです。全体のバランスとしては、ぶっちゃけ話や視聴者の名前を拾うといったコミュニケーション重視のマインド系の話を7〜8割、ノウハウを2〜3割の割合で織り交ぜるのが理想です。

また、配信中は名前を呼んだりコメントに応答することで、視聴者に「自分に向けて話している」と感じてもらえます。コメントがほしいときは「コメントください」とただお願いするのではなく、「コメントをくれた人のほうが覚えやすく、結果的に終わった後も記憶に残りやすい」といった理由を添えると、視聴者の行動を促しやすくなります。途中参加者が話についていけるよう、要点を定期的にまとめるのもポイントです。たとえば、「ここまでの内容をかんたんに振り返ると…」といった形で、途中参加の視聴者にも気を配るようにしてください。視聴者に寄り添った進行を心がけ、飽きさせない工夫を重ねることで、ライブのエンゲージメントが高まります。また、ライブ配信の最後に特典や告知があることを予告しておくことで、視聴者を最後まで引き留めることができます。

5．ライブ配信の頻度と時間設定

ライブ配信は週に1回、30〜60分程度が理想です。40〜50分経過し

たタイミングで次のアクションにつながる告知を行いましょう。

StreamYardを使って同時配信する

StreamYardはブラウザ上でライブ配信ができるサービスで、YouTubeライブに加え、FacebookやX（旧Twitter）など複数のプラットフォームで同時配信が可能です。この機能を活用すれば、視聴者は自身が使い慣れたプラットフォームからライブ配信に参加でき、終了後もアーカイブが残るため、配信後も新しい視聴者を獲得するチャンスが広がります。

■ StreamYardの特徴

初心者でも直感的に操作可能で、かんたんに配信の設定やゲスト招待ができます。最大6名までゲストを招待でき、トークショーやパネルディスカッション形式の配信も実現できます。

さらに、配信画面にロゴ、バナー、カラーテーマを設定できるため、ブランドイメージを視聴者に強く印象づけられます。

配信中には、視聴者からのコメントをリアルタイムで画面上に表示できるので、視聴者は自分が配信に参加している感覚を得やすいのも特徴です。

StreamYardには無料プランと有料プランが用意されており、使用する機能や同時配信のプラットフォーム数に応じてプランを選べます。

無料プランでも基本的な配信機能を問題なく使用できますが、有料プランでは配信画面に表示されるStreamYardのウォーターマークを削除したり、フルHDでの配信を行ったりできるため、プロフェッショナルな配信をしたい人は有料プランがおすすめです。

220

CHAPTER-8　他にも押さえておきたいYouTubeの機能

リアルタイム性の高い投稿
コンテンツ「コミュニティ機能」

8

SECTION
02

YouTubeのコミュニティ機能は、クリエイターが動画以外のコンテンツを配信できる機能です。多彩な形式で情報を発信し、フォロワーとのつながりを強化できます。

コミュニティ機能とは

　YouTubeの「コミュニティ」タブを使えば、視聴者に向けてテキスト、画像、動画、アンケート、クイズなどを投稿できます。この機能を活用することで、視聴者とのつながりを強化し、ファン層を広げることが可能です。具体的な活用方法として、以下の例が挙げられます。

■ 1．大事なお知らせ

　視聴者に知ってもらいたい大事なお知らせを告知できます。

■ 2．LINE登録の誘導

　視聴者の中にはチャンネル登録はしているものの、LINE登録をしていない人も少なくありません。コミュニティ投稿でこうした視聴者層に対してLINE登録を促しましょう。

　コミュニティはファンが見ている可能性が高いので、「LINEに登録すると個別で相談ができる」「直接やりとりができる」といったパーソナルな訴求に魅力を感じてもらえます。

　一度の呼びかけだけでなく、コミュニティには定期的にLINE登録の案内を投稿しましょう。時期に合わせた特典や新しいオファーを組み込むと効果的です。

221

■ 3．オフショットの公開

　コミュニティでは、画像やGIF、動画を用いた投稿も可能であるため、撮影の裏側や日常の様子をファンに共有することができます。視聴者はクリエイターの素顔を垣間見て、より身近に感じられるようになります。

■ 4．今後の投稿予定やライブ配信の告知

　次回の動画投稿やライブ配信の予定をコミュニティ投稿でお知らせできます。また、新しい動画を公開する前にコミュニティ投稿で予告やヒントを出すなどの楽しませ方もおすすめです。

■ 5．視聴者参加型のアンケートの実施

　動画公開後に内容についての意見を求めることで、動画視聴後の議論を促せます。また「次に見たい動画は？」といったアンケートを実施することで、視聴者の意見を反映したコンテンツを制作できます。

■ 6．リアクションで距離を縮める

　問題を出題して回答してもらったり、コメントに返信したり「ハートマーク」を付けたりすることで、視聴者との距離を縮めることができます。

■ 7．過去動画の再訴求

　特に新規のチャンネル登録者が増えたタイミングでは、新しい視聴者に過去の動画を届けるチャンスです。過去に人気のあった動画や、いま一度見てほしい内容を持つ動画のリンクをコミュニティ投稿に貼って再生してもらいましょう。

　また、他のチャンネルでコラボレーションした動画は視聴者が知らない可能性もあるので、コミュニティで共有するといいでしょう。

■ 8. 外部のメディアの宣伝

　動画だけでなく、外部のメディアで取り上げられた記事、インタビュー、他のSNSアカウントの宣伝、自身のWebサイト、ブログの更新情報の告知など、あらゆる告知をコミュニティに投稿し、ファンの流入を促します。

何度もアナウンスしよう

　LINE登録や過去動画の案内は、何度も投稿して視聴者の目に触れる機会を増やしましょう。「最近の視聴者の皆さんはまだ見ていないかもしれないですが、以前投稿した○○の動画もとても好評でしたので、ぜひチェックしてみてください！」といったメッセージを添えたり、「以前の動画では詳しく説明できなかった部分を新しい投稿で補足していますので、興味のある方はぜひご覧ください」といった形で、何度も同じ動画への呼びかけを行えます。

　視聴者に対してただ単に「見てください」とお願いするのではなく、その動画を視聴することによって得られる具体的なメリットを伝えると一度見た人がまた見ようと思ってくれることもあります。「この動画では○○について詳しく説明しています。最近のトピックにも関連していますので、ぜひご覧ください」といった形で、視聴者が動画を見たくなるような工夫をしましょう。

CHAPTER-8　他にも押さえておきたいYouTubeの機能

広告収益

SECTION 03

YouTubeの広告収益は、主に動画の再生時に表示される広告によって得られるものです。収益は、広告が表示される回数や広告の単価、視聴者時間などさまざまな要素によって決定されます。

広告収益の仕組み

　広告収益は、視聴者が動画再生中に表示される広告を視聴することで発生します。収益の多くは「再生回数」によって左右されることが多く、再生回数が多いほど広告が表示される機会も増えるため、結果として収益が増加します。

　一般的に、1,000回再生あたりの収益は300円程度とされていますが、これは広告の単価やジャンルによっても変動します。また、広告の視聴回数だけでなく、視聴者が広告をクリックした場合にも追加で収益が得られるため、広告に対する視聴者の関心や行動も収益に影響を与えます。

広告収益を得る条件

　広告収益を得るには、YouTubeパートナープログラム（YPP）への参加が必要です。参加条件は以下のとおりです。

> 1. チャンネル登録者数1,000人以上であること
> 2. 総再生時間が過去12か月間で4,000時間以上であること

　これらを達成後、審査を通過することでチャンネルの広告収益化が可能になります。YPPに参加していないチャンネルは広告収益を得ら

れないので、収益化を目指す場合はこれらの条件を早期に達成することを目指すようにしましょう。

広告収益を上げるには

広告単価はジャンルによって大きく異なります。不動産、金融、美容などの収益性が高い分野では広告主が高額を支払う傾向があり、同じ再生回数でもより多くの収益を得られます。こうしたジャンルを意識してコンテンツを制作すると、収益の効率を高められます。

また、視聴者のエンゲージメント（コメント、いいね、シェアなど）は、広告収益に間接的に影響を与えます。エンゲージメントが高い動画はYouTubeのアルゴリズムで評価されやすくなり、結果として再生回数が増加。広告表示回数も増えるため、収益が向上します。

さらに、広告収益は季節によっても変動します。広告出稿が増える年末商戦や新年度の時期は広告単価が上昇しやすく、収益のチャンスが広がります。

ホリデーシーズンに関連する動画を投稿したり、新年度には目標設定や新生活に役立つテーマを扱うなど、季節性を意識したコンテンツを制作することで、より高い収益を目指せるでしょう。

このように、YouTubeの広告収益は、再生回数、広告単価、視聴者のエンゲージメント、そして季節性といった多くの要因によって左右されます。広告収益の最大化を狙うなら、チャンネルの成長戦略をしっかりと計画し、継続的に高品質なコンテンツを提供し続けることが大事になってきます。

僕が以前所属していたYouTuber事務所のUUUMにおいても、クリエイターの多くがこの広告収益を主要な収入源として活用しており、広告収入を増やすために再生回数を伸ばす戦略や、広告単価が高いジャンルを意識したコンテンツ作りを行っています。

CHAPTER-8 他にも押さえておきたいYouTubeの機能

スーパーチャット

SECTION 04

スーパーチャットは、YouTubeライブやプレミア公開動画で視聴者から「投げ銭」を受け取れる機能です。配信者にとっては重要な収益源となります。

スーパーチャットの仕組み

　YouTubeのスーパーチャット（スパチャ）は視聴者がライブ配信中に配信者へ金銭を伴ったコメントを送ることができる機能で、視聴者が配信者を応援する手段として広く利用されています。このシステムは2017年に導入され、現在では多くの配信者と視聴者の間で積極的に活用されています。

　スーパーチャットの仕組みは、視聴者が設定された範囲内で金額を選び、その金額に応じてコメントを送信するというものです。

　視聴者は100円から最大50,000円までの金額を自由に選び、その金額によってコメントの表示方法や色が変わる仕組みになっています。金額が高いほどコメントが目立つ色で表示され、画面上での表示時間も長くなります。

　200円以上の金額でコメントを送ると、視聴者のメッセージが色付きで目立つように表示され、500円以上のスーパーチャットではさらに一定時間、チャットの最上部に固定されるため、配信者や他の視聴者に注目されやすくなります。

配信者にとってのメリット

　スーパーチャットは、配信者にとって大きなメリットがあります。リアルタイムで視聴者から支援を受け取れる大事な収益源であるの

はもちろん、視聴者からの直接的なコメント付きの支援が配信者のモチベーション向上や活動の継続に役立ちます。

また、スーパーチャットを送るタイミングや内容から視聴者の関心や反応を把握できる点もメリットです。

視聴者にとってのメリット

スーパーチャットを利用すると、自分のコメントが配信画面に目立つ形で表示され、配信者や他の視聴者に注目されやすくなります。特に、スーパーチャットに対してリアクションをしてくれる配信者の場合、視聴者は自分のメッセージが認識されることに喜びを感じられます。自分が配信の一部として関われた感覚を得られ、配信者との絆が深まります。

利用時の注意点

一度送信したスーパーチャットは取り消しや返金ができないため、送信する人は必ず金額やメッセージ内容を確認しましょう。なお、スーパーチャットは1日に送信できる金額を最大50,000円と決めています。これは視聴者が過度な支出を行わないよう保護するためです。

また、スーパーチャットで送られた金額のすべてが配信者に渡るわけではなく、送信金額の約30%がYouTube側の手数料として差し引かれます。さらに、iOS端末から送信した場合はAppleの手数料も考慮する必要があります。その結果、配信者が受け取る実際の金額はさらに少なくなります。

スーパーチャットは適切に利用しよう

　配信者はスーパーチャットで収益を安定させられると同時に、視聴者からの応援を活動の原動力とすることができます。ファン層が厚い場合、スーパーチャットが主要な収益源となることもありますが、適切な利用が重要です。

　視聴者には、送信金額の確認や手数料、送信上限といった点に注意を払ってもらう必要があります。注意点を理解したうえで健全にスーパーチャットを活用することで、ライブ配信をさらに楽しむことができるでしょう。

　スーパーチャットで視聴者から投げ銭をしてもらうには、「投げたい」と思わせる工夫が必要です。

　例えば、誕生日や記念日など特別な日を利用してお祝い金として促す方法があります。また、配信を通じて価値を提供し、その対価としてスーパーチャットをお願いするのも効果的です。「応援してくれる方はスーパーチャットお願いします」など具体的に誘導することで、視聴者に投げ銭の理由を伝えましょう。さらに、投げ銭してくれた人に感謝を示し、特別感を与えてあげましょう。

CHAPTER-8 他にも押さえておきたいYouTubeの機能

メンバーシップ

SECTION 05 YouTubeメンバーシップは、視聴者が月額料金を支払い、特典や限定コンテンツにアクセスできる仕組みです。ファンとの距離を縮める方法として注目されています。

メンバーシップの特典

メンバーシップでは、配信者が特典内容を自由に設定でき、以下のような特典が一般的です。

■ 限定動画

通常公開されない特別な動画をメンバー向けに配信します。これにより、ファンとの親密度が高まります。

■ カスタム絵文字とバッジ

メンバー専用のカスタム絵文字が、コメントやチャットで使用可能になります。また、配信者が設定したバッジもコメント欄やチャットで表示されます。これにより、メンバーは特別感を感じられます。

■ メンバー限定ライブ配信

メンバーだけが参加できるライブ配信を実施することで、メンバーは親密で特別な感覚を味わうことができます。

■ 専用のコミュニティ投稿

メンバーだけが閲覧できるコミュニティがあります。特別な告知などをメンバー限定で共有できます。

229

メンバーシップのメリット

　月額課金による収益を得られる点も配信者のメリットですが、それ以上にメンバーシップの限定コンテンツを通じてファンとのつながりを深め、ブランド認知度を高められることが最大のメリットです。

　一方、視聴者にとっても他の視聴者にはない限定コンテンツやカスタム絵文字を通じて特別感を味わえ、お気に入りのクリエイターを支援できる喜びを感じられるというメリットがあります。

　メンバーシップは、配信者と視聴者双方にメリットを提供する有効な収益化手段です。固定ファンを増やし、チャンネルをさらに成長させるために、ぜひ挑戦してみましょう。

ビジネスYouTubeでのメンバーシップ活用

　ビジネスYouTubeでのメンバーシップ活用方法として、まず低額な料金で会員を募り、メンバー限定コンテンツを提供して価値を実感してもらいます。その後、外部の自社コンテンツや高額商品へ自然に誘導する流れを作ります。

　いきなり高額商品を販売するのではなく、低額からはじめて信頼と満足度を高める段階的なアプローチがおすすめです。

　この方法により、コミュニティの価値を高めながら売上アップが期待できます。

230

■ おわりに

　本書を最後までお読みいただき、ありがとうございます。YouTube というプラットフォームの可能性や活用方法について、少しでも理解を深めていただけたなら幸いです。本書では、YouTubeを単なる動画配信の場としてではなく、ビジネスや自己実現のための強力なツールと捉え、その活用法を体系的に学ぶ重要性をお伝えしました。

　これまでにも僕がサポートさせていただいた多くの方々がYouTube を活用して、個人の夢やビジョンを形にしてきました。YouTubeの最大の魅力は、自分の言葉や思いを映像という形で伝えられること、そしてそれが世界中の人々に届く可能性を秘めていることです。あなたのノウハウや、提供する価値を待ち望んでいる人は必ずいます。その人たちに届く方法を学び、実行するために、本書の知識やノウハウが少しでもお役に立てれば嬉しく思います。

　もちろん、YouTube運用には簡単なことばかりではありません。これを実践しようとした多くの方がこんな事で疑問に思ってつまづきます。「私の場合はどんな企画を動画にしていけばいいのか？」「私の場合はどんな差別化をしていけばいいのか？」「私の場合はどんな編集をしていけばいいのか？」「再生数や登録者数が思うように伸びないときはどの様に対応すればいいのか？」と、実践を行うと壁にぶち当たる方も少なくありません。

　本書の特典として直接相談が可能な『30分無料個別相談』もご用意してますので、もしご自身で解決できない場合はご相談ください。

　初めて動画を作る際は、うまくいかないことや思うように作成できないこともあると思いますが、その経験が動画スキルに繋がっていきます。最初の動画をアップロードする瞬間から世界を変化させる新しい挑戦が始まります。あなたの発信が多くの人々に価値を届けることを心より応援しています。

著者紹介

小野田 昌史 （おのだ まさし）

株式会社MASHI MASHI代表取締役。YouTubeマーケター／YouTube集客コンサルタント

1985年生まれ、東京都出身。YouTube業界での成功を追求し続ける、卓越したマーケティングのプロフェッショナル。2014年にYouTube活動を開始し、これまで投稿した動画本数は4,000本以上、総再生回数は1.2億回再生を突破。チャンネル登録者数は11万人を超え、多くの視聴者から支持を得ている。

元UUUM所属クリエイターであり、HIKAKIN氏直伝のノウハウを吸収。現在は、企業や個人事業主のYouTubeを活用した売上拡大やブランド構築を支援するマーケティングコンサルタントとして活躍中。これまでに手掛けたプロジェクトでは、わずか数ヶ月で売上が2倍以上となる成功事例を多数生み出している。

2022年にはYouTube集客講座「バズAcademy」を開始。初月から多くの受講生を集め、受講者の中にはチャンネル登録者10万人達成や、YouTubeマーケティングで月間売上2,000万円突破といった成果を上げた人も多い。また、2023年からは月商3.6億円を達成した「YouTubeマーケターおさる氏」のチームに参画し、最先端のYouTube運用ノウハウを学びながら成果を最大化する取り組みを進めている。『いい商品といい人材を動画で世界に広がる』を理念に、YouTubeマーケティングを通じて多くの企業や個人に成功を届けることを使命としている。

X：https://twitter.com/ma_shi_onoda
Instagram：https://www.instagram.com/mashi_marketing/
YouTube：https://www.youtube.com/@mashi_mashi

編集協力●金城有紀、山田稔、大波悠希

PDCAを回して結果を出す！
YouTube集客・運用マニュアル

2025年2月27日　初版第一刷発行

著　者	小野田 昌史
発行者	宮下 晴樹
発　行	つた書房株式会社
	〒101-0025　東京都千代田区神田佐久間町3-21-5　ヒガシカンダビル3F
	TEL. 03（6868）4254
発　売	株式会社三省堂書店／創英社
	〒101-0051　東京都千代田区神田神保町1-1
	TEL. 03（3291）2295
印刷／製本	株式会社丸井工文社

©Masashi Onoda 2025,Printed in Japan
ISBN978-4-905084-88-4

定価はカバーに表示してあります。乱丁・落丁本がございましたら、お取り替えいたします。本書の内容の一部あるいは全部を無断で複製複写（コピー）することは、法律で認められた場合をのぞき、著作権および出版権の侵害になりますので、その場合はあらかじめ小社あてに許諾を求めてください。